DAS ULTIMATIVE KOCHBUCH FÜR Fleischbällchen

50 SPANNENDE REZEPTE FÜR ZU HAUSE

EDUARD LEWIS

Berichts in irgendeiner Form reproduziert oder erneut übertragen werden.

INHALTSVERZEICHNIS

INHALTSVERZEICHNIS.. 4

EINFÜHRUNG..8

Fleischbällchen aus aller Welt.. 10

    1. In Bier geschmorte belgische Fleischbällchen....10

    2. Bulgarische Fleischbällchensuppe....................... 12

    3. Marokkanische Fleischbällchen............................ 14

    4. Persische Lammfleischbällchen........................... 16

    5. Ungarische Fleischbällchen................................. 18

    6. Westliche Fleischbällchen und Frankfurter....... 20

    7. Norwegische Hühnerfleischbällchen....................22

    8. Koreanische Fleischbällchen...............................24

    9. Manhattan Frikadellen.......................................26

    10. Vietnamesische Fleischbällchen........................ 28

    11. Schwedische Fleischbällchen Vorspeisen........... 30

    12. Walisisch Gegrillte Fleischbällchen....................32

    13. Afghanische Kofta...34

    14. Polynesische Fleischbällchen............................36

15. Griechische Fleischbällchen...................................38

16. Schottische Fleischbällchen..............................40

17. Knackige deutsche Fleischbällchen.....................42

18. Hawaiian Fleischbällchen.................................44

19. Skandinavische Frikadellen.............................46

20. Mexikanische Fleischbällchen...........................48

21. Norwegische Fleischbällchen in Traubengelee. 50

22. Würzige thailändische Fleischbällchen mit
Nudeln..52

23. Ukrainische Landfleischbällchen "bitki"...........54

24. Putenfleischbällchen-Spaghetti.......................56

25. Russische Fleischbällchen (Bitochki)................58

26. Mediterrane Fleischbällchen...........................60

27. Chinesische Fleischbällchen &
Brunnenkressesuppe...62

28. Keftedes [griechische Fleischbällchen].............64

29. Französische Fleischbällchen...........................66

30. Lammfleischbällchen aus dem Nahen Osten.....68

31. Asiatische Fleischbällchensuppe.......................70

32. Italienisches Fleischbällchen-Sandwich............ 72

33. Ägyptische Kefta...74

34. Europäische Fleischbällchen in Sahnesauce......76

35. Dänische Fleischbällchen (Frikadeller)............. 78

36. Einfache schwedische Fleischbällchen...............80

37. Deutsche Fleischbällchen.................................82

38. Ghana Frikadelleneintopf................................. 84

39. Fernost Vorspeise Frikadellen.......................... 86

40. Indonesische Fleischbällchen............................88

41. Libanesische Fleischbällchen............................90

42. Kalifornische Fleischbällchen & Paprika............92

43. Kantonesische Fleischbällchen.......................... 94

COCKTAIL TOOTHPICK FLEISCHBÄLLE...................... 96

44. Festliche Cocktail-Frikadellen........................ 96

45. Chipotle Vorspeise Frikadellen..........................98

46. Cranberry Cocktail Frikadellen....................... 100

47. Wein Fleischbällchen...................................... 102

48. Chuletas (mexikanische Cocktail-Frikadellen) 104

49. Chafing Dish Party Frikadellen............................ 106

50. Elch Cocktail Frikadellen.................................... 108

FAZIT.. 110

EINFÜHRUNG

Ein Fleischbällchen ist ein Lebensmittel, das sich selbst definiert: Es ist buchstäblich ein Fleischbällchen. Aber bevor Sie anfangen, Rinderhackfleischklumpen in eine Pfanne zu schöpfen und Ihr trauriges Abendessen "Fleischbällchen" zu nennen, machen wir einen Schritt zurück.

Erfahren Sie, wie Sie zu Hause einfach Fleischbällchen machen und kochen, damit sie außen perfekt gebräunt und in der Mitte immer noch saftig sind. Hier sind einige Tricks und Tipps für perfekte Fleischbällchen:

Das Hackfleisch

Sie können jedes Hackfleisch oder jede Mischung aus Hackfleisch verwenden, die Sie mögen. Der Favorit der Fans ist eine Mischung aus Rinderhackfleisch und Schweinefleisch. Lammhackfleisch, Truthahn, Huhn, Kalbfleisch oder Büffel sind ebenfalls Freiwild.

Brotkrumen & Milchbinder

Ein Trick, um sicherzustellen, dass Fleischbällchen nach dem Kochen vollständig zart sind, ist die Verwendung eines Bindemittels. Dieses Bindemittel verleiht den Fleischbällchen Feuchtigkeit und verhindert, dass die Fleischproteine   schrumpfen und zäh werden.

Vermeiden Sie es, das Fleisch zu überarbeiten

Ein weiterer Trick, um Fleischbällchen zart zu machen, besteht darin, das Fleisch nicht zu überarbeiten - mischen Sie das Fleisch mit dem Bindemittel und anderen Zutaten, bis sie kombiniert sind.

Braten gegen Köcheln der Fleischbällchen

Sie haben zwei Möglichkeiten: Braten oder Kochen in einer Sauce. Braten ist die beste Option, wenn Sie die Fleischbällchen in etwas anderem als einer Sauce servieren möchten oder wenn Sie die Fleischbällchen für später einfrieren möchten. Das Braten verleiht den Fleischbällchen auch etwas mehr Geschmack, da die Außenseite in der Hitze des Ofens brennt.

Wenn Sie die Fleischbällchen mit einer Sauce servieren möchten, können Sie die Fleischbällchen auch direkt mit der Sauce kochen. Dieses sanfte Sieden macht nicht nur einige der zartesten und schmackhaftesten Fleischbällchen, die Sie jemals hatten, sondern die Sauce wird auch reicher und schmackhafter.

Fleischbällchen aus aller Welt

1. In Bier geschmorte belgische Fleischbällchen

Zutat

- 1 Tasse frische Weißbrotkrümel

- $\frac{1}{4}$ Tasse Milch

- 1 Pfund   Hackfleisch, mager

- $\frac{1}{2}$ Pfund gemahlenes Schweinefleisch oder Kalbfleisch

- 1 großes Ei

- Gemüse & Gewürze

- Speiseöl

- 2 Esslöffel Petersilie, frisch; Garnierung

a) Um Fleischbällchen zuzubereiten, die Semmelbrösel in Milch einweichen, bis sie gründlich angefeuchtet sind. Mit den Händen trocken drücken.

b) Brotkrumen, Hackfleisch, Eier, Schalotten, Petersilie, Salz, Pfeffer und Muskatnuss in einer mittelgroßen Schüssel vermengen.

c) Form Mischung in 6 bis 8 Kugeln oder Pastetchen (2 Zoll im Durchmesser und ½ Zoll dick); Mit 2 EL Mehl bestäuben.

d) Butter und Öl in einem tiefen, schweren holländischen Ofen bei starker Hitze erhitzen, bis sie heiß sind, aber nicht rauchen. Fügen Sie Fleischbällchen hinzu; Von allen Seiten ca. 5 Minuten kochen lassen, dabei darauf achten, dass die Butter nicht verbrennt. Entfernen Sie die Fleischbällchen zum Plattieren. warm halten.

2. Bulgarische Fleischbällchensuppe

Ausbeute: 8 Portionen

Zutat

- 1 Pfund   Rinderhack

- 6 Esslöffel Reis

- 1 Teelöffel Paprika

- 1 Teelöffel Getrockneter Bohnenkraut

- Salz Pfeffer

- Mehl

- 6 Tassen Wasser

- 2 Rinderbrühwürfel

- ½ Bündel Frühlingszwiebeln; geschnitten

- 1 Grüne Paprika; gehackt

- 2 Möhren; geschält, in dünne Scheiben geschnitten

- 3 Tomaten; geschält und gehackt

- 1 Sm. gelbe Chilis, gespalten

- ½ Bund Petersilie; gehackt

- 1 Ei

- 1 Zitrone (nur Saft)

a) Kombinieren Sie Rindfleisch, Reis, Paprika und herzhafte. Mit Salz und Pfeffer abschmecken. Leicht aber gründlich mischen. Zu 1-Zoll-Kugeln formen.

b) Kombinieren Sie Wasser, Brühwürfel, 1 Esslöffel Salz, 1 Teelöffel Pfeffer, Frühlingszwiebeln, grüner Pfeffer, Karotten und Tomaten in einem großen Wasserkocher.

c) Abdecken, zum Kochen bringen, Hitze reduzieren und 30 Minuten köcheln lassen.

3. Marokkanische Fleischbällchen

Zutat

- 1 Pfund   Rinderhackfleisch oder Lammfleisch

- 1 Teelöffel Salz, ¼ Teelöffel Pfeffer

- 2 Esslöffel getrocknete Zwiebeln

- 1½ Tasse Wasser oder gedünstete Tomaten

- 3 Esslöffel süße Butter

- ½ Tasse getrocknete & pürierte Zwiebeln

- ¾ Teelöffel Ingwer, ¼ Teelöffel Pfeffer

- ¼ Teelöffel Kurkuma, 1 Prise Safran

- 1 Esslöffel gehackte Petersilie

- Kreuzkümmel, 2 Teelöffel Paprika

- Cayenne

- $\frac{1}{4}$ Teelöffel Kreuzkümmel

- 1 Teelöffel Paprika

- $\frac{1}{2}$ Tasse gehackte Petersilie

- 1 Zitronensaft

a) Mischen Sie alle Zutaten für das Fleisch. Gut kneten und zu 1 "Kugeln formen.

b) SAUCE: Alle Zutaten außer Zitrone in eine Pfanne geben. 1$\frac{1}{2}$ Tasse Wasser hinzufügen und zum Kochen bringen.

c) Hitze reduzieren und 15 Minuten köcheln lassen. Fleischbällchen hinzufügen und 30 Minuten köcheln lassen. Zitronensaft hinzufügen und sofort auf einer erhitzten Platte mit viel marokkanischem Brot servieren.

4. Persische Lammfleischbällchen

Ausbeute: 7 Portionen

Zutat

- $\frac{3}{4}$ Tasse bulgarischer Weizen, fein gemahlen

- 2 Tassen kochendes Wasser

- 2 Pfund Lammeintopffleisch, fein gemahlen

- $\frac{1}{2}$ Tasse Fein gehackte gelbe Zwiebel

- $\frac{1}{2}$ Tasse Pinienkerne

- 3 Esslöffel Olivenöl

- 2 Eier, geschlagen

- 1 Teelöffel gemahlener Koriander

- 2 Teelöffel gemahlener Kreuzkümmel

- 3 Esslöffel Zitronensaft

- 2 Esslöffel gemahlener frischer Dill

- 1 Esslöffel gehackte frische Minze

- $\frac{1}{2}$ Teelöffel Salz

- Gemahlener Pfeffer nach Geschmack

a) In einer kleinen Schüssel den Bulgaren eine halbe Stunde in kochendem Wasser einweichen lassen. Gut abtropfen lassen.

b) In einer großen Schüssel die Fleischbällchen-Zutaten, einschließlich des abgetropften Bulgars, mischen und sehr gut mischen.

c) Zu 1 $\frac{1}{2}$ Zoll großen Kugeln formen und auf ein Backblech legen.

d) Backen Sie 20 Minuten in einem vorgeheizten 3750F-Ofen oder bis es gerade durchgekocht ist.

5. Ungarische Fleischbällchen

Zutat

- Rezept der grundlegenden Fleischbällchen

- 1 Esslöffel Pflanzenöl

- 2 Zwiebeln; Dünn geschnitten

- $\frac{3}{4}$ Tasse Wasser

- $\frac{3}{4}$ Tasse Rotwein; Trocken

- 1 Teelöffel Kümmel

- 2 Teelöffel Paprika

- $\frac{1}{2}$ Teelöffel Majoranblätter

- $\frac{1}{2}$ Teelöffel Salz

- $\frac{1}{4}$ Tasse Wasser

- 2 Esslöffel Mehl; Ungebleicht

a) Das Öl in einer großen Pfanne erhitzen. Fügen Sie die Zwiebeln hinzu und kochen Sie und rühren Sie, bis sie zart sind. Fügen Sie die gekochten Fleischbällchen, $\frac{3}{4}$ Tasse Wasser, den Wein, den Kümmel, den Paprika, die Majoranblätter und das Salz hinzu.

b) Zum Kochen bringen, dann Hitze reduzieren und abdecken. Etwa 30 Minuten köcheln lassen, dabei gelegentlich umrühren. Mischen Sie $\frac{1}{4}$ Tasse Wasser und das Mehl, rühren Sie in die Saucenmischung. Zum Kochen bringen und vorsichtig umrühren. Kochen und 1 Minute rühren.

6.   Westliche Fleischbällchen und Frankfurter

Zutat

- 1 Pfund   Hackfleisch

- 1   Ei, leicht geschlagen

- $\frac{1}{4}$ Tasse Semmelbrösel, trocken

- 1 mittelgroße Zwiebel, gerieben

- 1 Esslöffel Salz

- $\frac{3}{4}$ Tasse Chilisauce

- $\frac{1}{4}$ Tasse Traubengelee

- 2 Esslöffel Zitronensaft

- 1 Tasse Frankfurter

a) Kombinieren Sie Rindfleisch, Ei, Krümel, Zwiebeln und Salz. Zu kleinen Kugeln formen. In einer großen Pfanne Chilisauce, Traubengelee, Zitronensaft und Wasser vermischen.

b) Hitze; Fleischbällchen hinzufügen und köcheln lassen, bis das Fleisch gar ist.

c) Kurz vor dem Servieren Franks hinzufügen und durchheizen.

7. Norwegische Hühnerfleischbällchen

Zutat

- 1 Pfund   Gemahlenes Huhn

- 4½ Teelöffel Maisstärke; geteilt

- 1 großes Ei

- 2¼ Tasse Hühnerbrühe; geteilt

- ¼ Teelöffel Salz

- ½ Teelöffel Frisch geriebene Zitronenschale

- 2 Esslöffel gehackter frischer Dill; geteilt

- 4 Unzen Gjetost-Käse; in 1/4 Zoll Würfel schneiden

- 4 Tassen Heiße gekochte Eiernudeln

a) Ei schlagen; Fügen Sie kaum $\frac{1}{4}$ Tasse Brühe und $1\frac{1}{4}$ Teelöffel Maisstärke hinzu. Rühren Sie bis glatt. Fügen Sie Zitronenschale und 1 Esslöffel frischen Dill hinzu. Fügen Sie gemahlenes Huhn dieser Mischung hinzu.

b) Bringen Sie zwei Tassen Brühe in einer 10- oder 12-Zoll-Pfanne zum Kochen.

c) Geben Sie vorsichtig einen Esslöffel Hühnermischung in die kochende Brühe.

d) Sauce zubereiten: Die restlichen 1 Esslöffel Maisstärke in 2 Esslöffel kaltem Wasser mischen. In kochende Brühe einrühren und einige Minuten kochen, bis sie etwas eingedickt sind. Fügen Sie gewürfelten Käse hinzu und rühren Sie ständig, bis der Käse schmilzt.

e) Während das Huhn kocht, bereiten Sie die Nudeln vor und halten Sie sie heiß.

f) Hähnchenbällchen wieder in die Sauce geben.

8. Koreanische Fleischbällchen

Zutat

- 1 Pfund   Gemahlener Wildschwein

- 2 Esslöffel Sojasauce

- 1 Schuss Pfeffer

- 1   Knoblauchzehe; gehackt

- 1   Grüne Zwiebel; gehackt

- 1 Esslöffel geröstete Sesamkörner

- $\frac{1}{2}$ Tasse Mehl

- 1   Ei; geschlagen mit 1 EL. Wasser

- 2 Esslöffel Salatöl

- 4 Esslöffel Sojasauce

- 4 Esslöffel Essig

- 2 Teelöffel Honig oder fest verpackter brauner Zucker

- 1 Schuss flüssiges Paprika-Gewürz

- 2 Teelöffel Geröstete Sesamkörner oder fein gehackte Frühlingszwiebeln

a) In einer Schüssel das gemahlene Wildschwein, die Sojasauce, den Pfeffer, den Knoblauch, die Frühlingszwiebeln und die Sesamkörner vermischen. Das Fleisch zu Kugeln formen.

b) Jeweils in Mehl eintauchen, in Eimischung und wieder in Mehl tauchen. Öl in einer schweren Pfanne bei mittlerer Hitze erhitzen. Gründlich kochen. Mit Dip servieren.

9. Manhattan Frikadellen

Zutat

- 2 Pfund   Mageres Rinderhackfleisch

- 2 Tassen Weiche Semmelbrösel

- ½ Tasse gehackte Zwiebel

- 2 Eier

- 2 Esslöffel gehackte frische Petersilie

- 1 Teelöffel Salz

- 2 Esslöffel Parkay Margarine

- 1   Krug; (10 Unzen) Kraft Aprikosenkonserven

- ½ Tasse Kraft Barbecue Sauce

a) Mischen Sie Fleisch, Krümel, Zwiebeln, Eier, Petersilie und Salz. Form in 1-Zoll-Frikadellen.

b) Heizen Sie den Ofen auf 350 Grad. Brown Frikadellen in Margarine in einer großen Pfanne bei mittlerer Hitze; ablassen. In eine 13 x 9 Zoll große Auflaufform geben.

c) Rühren Sie Konserven und Barbecue-Sauce zusammen; über Fleischbällchen gießen. 30 Minuten backen, dabei gelegentlich umrühren.

10. Vietnamesische Fleischbällchen

Zutat

- 1½ Pfund mageres Rinderhackfleisch

- 1   Knoblauchzehe, zerdrückt

- 1   Eiweiß

- 1 Esslöffel Sherry

- 2 Esslöffel Sojasauce

- ½ Teelöffel Flüssigrauch

- 2 Esslöffel Fischsauce

- 1 Prise Zucker

- 1   Salz und weißer Pfeffer

- 2 Esslöffel Maisstärke

- 1 Esslöffel Sesamöl

a)   Mischen Sie die Mischung mit einem Mixer oder einer Küchenmaschine, bis sie sehr glatt ist.

b)   Kleine Frikadellen am Spieß formen (ca. sechs Frikadellen pro Spieß).

c)   Braten Sie bis zur Perfektion.

11. Schwedische Fleischbällchen Vorspeisen

Zutat

- 2 Esslöffel Speiseöl

- 1 Pfund Rinderhack

- 1 Ei

- 1 Tasse weiche Semmelbrösel

- 1 Teelöffel brauner Zucker

- ½ Teelöffel Salz

- $\frac{1}{4}$ Teelöffel Pfeffer

- $\frac{1}{4}$ Teelöffel Ingwer

- $\frac{1}{4}$ Teelöffel gemahlene Nelken

- $\frac{1}{4}$ Teelöffel Muskatnuss

- $\frac{1}{4}$ Teelöffel Zimt

- $\frac{2}{3}$ Tasse Milch

- 1 Tasse saure Sahne

- $\frac{1}{2}$ Teelöffel Salz

a) Speiseöl in der Pfanne erhitzen. Mischen Sie alle restlichen Zutaten außer Sauerrahm und $\frac{1}{2}$ TL. Salz.

b) Fleischbällchen in Vorspeisengröße (ca. 1 Zoll Durchmesser) formen. Von allen Seiten in Speiseöl bräunen, bis alles vollständig gekocht ist.

c) Aus der Pfanne nehmen und auf Papiertüchern abtropfen lassen. Gießen Sie überschüssiges Fett ab und kühlen Sie die Pfanne leicht ab. Fügen Sie eine kleine Menge Sauerrahm hinzu, um die Bräunungen zu schlagen und umzurühren. Dann die restliche saure Sahne und $\frac{1}{2}$ TL hinzufügen. Salz unter Rühren mischen.

12. Walisisch Gegrillte Fleischbällchen

Zutat

- 1 Pfund   Rind- / Schweineleber

- 2 Pfund   Mageres Schweinehackfleisch

- 4 Unzen   (1/2 Tasse) Semmelbrösel

- 2   Fein gehackte große Zwiebel

- 2 Teelöffel Salbei

- 2 Teelöffel Thymian

- 2 Teelöffel Getrocknete Petersilie

- 1 Prise Muskatnuss

- Salz und Pfeffer nach Geschmack

- 3 Unzen Talg

- Mehl zum Abstauben

a) Die Leber fein hacken (einfacher, wenn sie gefroren ist) und mit Wasser abspülen.

b) Fügen Sie das gemahlene Schweinefleisch, Semmelbrösel, Zwiebeln, Salbei, Thymian, Petersilie, Muskatnuss sowie Salz und Pfeffer hinzu. Geben Sie ein wenig Mehl in den Boden einer Schüssel, fügen Sie Suet hinzu und beschichten Sie es leicht.

c) Zu Bällen formen, die größer als ein Fleischbällchen, aber kleiner als ein Tennisball sind. Verwenden Sie ein Antihaft-Kochspray, um eine gesprühte Auflaufform 12 Zoll im Quadrat zu fetten. Fleischbällchen in die Schüssel geben und mit Folie abdecken. Im vorgeheizten Backofen bei 400 Grad 40 Minuten backen.

d) Folie entfernen und Fett abtropfen lassen. Verdicken Sie das Fett mit Mehl oder Maisstärke, um eine Soße zu erhalten, geben Sie jeweils etwa 1 Teelöffel Verdickungsmittel hinzu, um die gewünschte Konsistenz zu erhalten, und gießen Sie etwas Soße um das Fleisch. Legen Sie Fleischbällchen im römischen Stil

13. Afghanische Kofta

Zutat

- 1 Zwiebel fein gehackt
- 1 grüner Pfeffer fein gehackt
- 1 Pfund Rinderhackfleisch
- 1 ts Knoblauchzehe fein gehackt
- $\frac{1}{2}$ ts Gemahlener Koriandersamen
- Salz und Pfeffer nach Geschmack

a) Rindfleisch, Zwiebel, Pfeffer, Knoblauch sowie Salz und Pfeffer zusammenkneten.

b) 30 Minuten stehen lassen, um die Aromen zu mischen. Zu 16 ovalen Kugeln formen.

c) Schnur 4 am Spieß abwechselnd mit einem Zwiebelviertel, einem Viertel mit grünem Pfeffer und einer Kirschtomate an jedem Spieß. Grillen Sie ca. 5 Minuten, bis sie braun sind, drehen Sie sie und grillen Sie die andere Seite.

14. Polynesische Fleischbällchen

Zutat

- 1 Geschlagenes Ei

- $\frac{1}{4}$ Tasse feine, trockene Semmelbrösel

- 2 Esslöffel frischer Koriander, geschnitten

- 2 Knoblauchzehen, gehackt

- $\frac{1}{8}$ Teelöffel gemahlener roter Pfeffer

- $\frac{1}{4}$ Teelöffel Salz

- 1 Pfund   Mageres Rinderhackfleisch

- $\frac{1}{4}$ Tasse Erdnüsse, fein gehackt

- Frische Ananas Junks oder 1

- 20 0z kann Ananasstücke abtropfen lassen

- $1\frac{1}{4}$ Tasse süß-saure Sauce

a) In einer mittelgroßen Schüssel Ei, Semmelbrösel, Koriander, Knoblauch, Paprika und Salz vermischen. Erdnüsse und Rindfleisch hinzufügen. Gut mischen.

b) In 1 "Fleischbällchen formen. In eine flache Auflaufform geben und 20 Minuten bei 350 ° C backen oder bis sie nicht mehr rosa sind.

c) Aus dem Ofen nehmen und abtropfen lassen. (Zum Vorbereiten kühlen Sie die Fleischbällchen ab und kühlen Sie sie dann bis zu 48 Stunden lang.) Legen Sie einen Fleischbällchen und ein Ananasstück auf den Spieß und kehren Sie zur Auflaufform zurück.

15. Griechische Fleischbällchen

Zutat

- 1 Pfund   Hamburger

- 4 Scheiben Befeuchtetes Brot

- 1 kleine Zwiebel gehackt oder gerieben

- $\frac{1}{2}$ Teelöffel Oregano

- 1 Ei geschlagen Salz und Pfeffer abschmecken

a) Mischen Sie alle Zutaten zusammen. Zu kleinen
    Kugeln formen und Mehl einrollen, bis es vollständig

bedeckt ist. In einer Pfanne mit $\frac{1}{8}$ Zoll Pflanzenöl braten.

b) Auf einer Seite kochen und dann umdrehen. Fügen Sie nach Bedarf Öl hinzu. Öl auf mittlere Hitze erhitzen. Sollte ungefähr 20 Fleischbällchen machen.

16. Schottische Fleischbällchen

Zutat

- 1 Pfund   Mageres Rinderhackfleisch

- 1 Ei, leicht geschlagen

- 3 Esslöffel Mehl

- $\frac{1}{4}$ Teelöffel Frisch gemahlener schwarzer Pfeffer

- 3 Esslöffel gehackte Zwiebel

- 3 Esslöffel Pflanzenöl

- ⅓ Tasse Hühnerbrühe

- 1 8-Unzen-Dose zerkleinerte Ananas, abgetropft

- 1½ Esslöffel Maisstärke

- 3 Esslöffel Sojasauce

- 3 Esslöffel Einfacher Rotweinessig

- 2 Esslöffel Wasser

- ¼ Tasse Scotch Whisky

- ⅓ Tasse Hühnerbrühe

- ½ Tasse Gewürfelter grüner Pfeffer

a) Kombinieren Sie die ersten sechs Zutaten. Vorsichtig zu Kugeln mit einem Durchmesser von etwa 1 Zoll formen.

b) Alles in Öl in einer 10-Zoll-Pfanne anbraten.

c) In der Zwischenzeit die folgende schottische Sauce zubereiten.

d) Fügen Sie Fleischbällchen und grünen Pfeffer hinzu. Noch etwa 10 Minuten leicht kochen lassen. Mit Reis servieren.

17. Knackige deutsche Fleischbällchen

Zutat

- ½ Pfund gemahlene Schweinswurst

- ¼ Tasse Zwiebel, gehackt

- 1 Dose 16 Oz Sauerkraut, abtropfen lassen & gehackt

- 2 Esslöffel Semmelbrösel, trocken und fein

- 1 Packung Frischkäse, weich machen

- 2 Esslöffel Petersilie

- 1 Teelöffel Senf zubereitet

- $\frac{1}{4}$ Teelöffel Knoblauchsalz

- $\frac{1}{8}$ Teelöffel Pfeffer

- 1 Tasse Mayo

- $\frac{1}{4}$ Tasse Senf zubereitet

- 2 Eier

- $\frac{1}{4}$ Tasse Milch

- $\frac{1}{2}$ Tasse Mehl

- 1 Tasse Semmelbrösel, fein

- Gemüse. Öl

a) Kombinieren Sie Wurst & Zwiebel in Pfanne & Semmelbrösel.

b) Kombinieren Sie Käse und die nächsten 4 Zutaten in einer Schüssel. Wurstmischung hinzufügen und gut umrühren.

c) Wurstmischung in $\frac{3}{4}$ "Kugeln formen; Mehl einrollen. Jede Kugel in reservierte Eimischung tauchen; Kugeln in Semmelbrösel rollen.

d) Gießen Sie Öl bis zu einer Tiefe von 2 "in den Ofen; erhitzen Sie es auf 375 Grad. Braten Sie bis es goldbraun ist.

18. Hawaiian Fleischbällchen

Zutat

- 2 Pfund   Rinderhack

- ⅔ Tasse Graham Cracker Krümel

- ⅓ Tasse gehackte Zwiebel

- ¼ Teelöffel Ingwer

- 1 Teelöffel Salz

- 1 Ei

- ¼ Tasse Milch

- 2 Esslöffel Maisstärke

- ½ Tasse brauner Zucker

- ⅓ Tasse Essig

- 1 Esslöffel Sojasauce

- ⅓ Tasse Gehackter grüner Pfeffer

- 13½ Unzen Dose zerkleinerte Ananas

a) Mischen Sie Rinderhackfleisch, Cracker-Krümel, Zwiebeln, Ingwer, Salz, Ei und Milch und machen Sie zu 1-Zoll-Kugeln. Anbraten und in eine Auflaufform geben.

b) Maisstärke, braunen Zucker, Essig, Sojasauce und grünen Pfeffer mischen. Bei mittlerer Hitze kochen, bis sie eingedickt sind. Fügen Sie zerquetschte Ananas plus Saft hinzu.

c) Erhitzen und über Fleischbällchen gießen. Gründlich erhitzen und servieren.

19. Skandinavische Frikadellen

Zutat

- Grundlegende Fleischbällchenmischung

- $\frac{1}{8}$ Teelöffel Kardamom; Boden

- 1 Esslöffel Pflanzenöl

- $1\frac{1}{4}$ Tasse Rinderbrühe

- $\frac{1}{4}$ Teelöffel Dillkraut

- 1 Esslöffel Maisstärke

- 2 Esslöffel Trockener Weißwein

- 2 Tassen Nudeln; gekocht

a) Kombinieren Sie die Zutaten der Basic Meatball Mixture mit Kardamom und mischen Sie sie leicht, aber gründlich. Die Mischung in 12 Fleischbällchen formen.

b) Fleischbällchen in heißem Öl in einer großen Pfanne bei mittlerer Hitze anbraten. Tropfen abschütten. Fügen Sie Rinderbrühe und Dillkraut zu Fleischbällchen in der Pfanne hinzu und rühren Sie um, um zu kombinieren.

c) Zum Kochen bringen; Hitze reduzieren. Dicht abdecken und 20 Minuten köcheln lassen. Maisstärke in Weißwein auflösen. In die Pfanne geben und unter ständigem Rühren weitergaren, bis sie eingedickt sind.

20. Mexikanische Fleischbällchen

Zutat

- 500 Gramm Hackfleisch; (1 Pfund)

- 500 Gramm gehacktes Schweinefleisch; (1 Pfund)

- 2 Knoblauchzehen; zerquetscht

- 50 Gramm   Frische weiße Semmelbrösel; (2 Unzen)

- 1 Esslöffel frisch gehackte Petersilie

- 1 Ei

- Salz und frisch gemahlener schwarzer Pfeffer

- 2 Esslöffel Öl

- 1 275 Gramm Glas Taco Relish

- 50 Gramm   Cheddar-Käse; gerieben (2oz)

a) Fleisch und Knoblauch, Semmelbrösel, Petersilie, Ei und Gewürze mischen und zu 16 Kugeln formen.

b) Erhitzen Sie das Öl in einer Pfanne und braten Sie die Fleischbällchen in Chargen, um sie überall zu bräunen.

c) In eine ofenfeste Schüssel geben und über das Taco-Relish gießen. Decken Sie es ab und kochen Sie es 30 Minuten lang in einem vorgeheizten Ofen (180 ° C, 350 ° F, Gas Mark 4).

d) Über den geriebenen Käse streuen, unbedeckt wieder in den Ofen stellen und weitere 30 Minuten kochen lassen.

21. Norwegische Fleischbällchen in Traubengelee

Zutat

- 1 Tasse Semmelbrösel; Sanft

- 1 Tasse Milch

- 2 Pfund   Rinderhack

- $\frac{3}{4}$ Pfund Schweinehackfleisch; lehnen

- $\frac{1}{2}$ Tasse Zwiebel; fein gehackt

- 2 Eier; geschlagen

- 2 Teelöffel Salz

- 1 Teelöffel Pfeffer

- $\frac{1}{2}$ Teelöffel Muskatnuss

- $\frac{1}{2}$ Teelöffel Piment

- $\frac{1}{2}$ Teelöffel Kardamom

- $\frac{1}{4}$ Teelöffel Ingwer

- 2 Esslöffel Specktropfen; oder Salatöl

- 8 Unzen   Traubengelee

a) Brotkrumen eine Stunde lang in Milch einweichen. Rinderhackfleisch, Schweinefleisch und Zwiebel mischen. Eier, Milch und Semmelbröselmischung hinzufügen. Salz, Pfeffer und Gewürze hinzufügen.

b) Gut mischen und mit einer Gabel schlagen. Ein bis zwei Stunden kalt stellen. Zu kleinen Kugeln formen, Mehl einrollen und in Specktropfen oder Öl bräunen. Schütteln Sie die Pfanne oder die schwere Pfanne, um die Fleischbällchen in heißem Fett herumzurollen.

c) In einen Topf mit 1 großen Glas Traubengelee geben und eine Stunde lang auf SLOW kochen.

22. Würzige thailändische Fleischbällchen mit Nudeln

Zutat

- 1 Pfund   Mett

- 1 großes Ei

- ½ Tasse Trockengeröstete Erdnüsse, fein gehackt

- ¼ Tasse gehackter frischer Koriander oder Petersilie

- ¾ Teelöffel Salz

- 1   3 3/4 oz pkg Cellophan-Nudeln

- ½ Tasse Erdnussbutter nach Chunk-Art

- 1 Esslöffel Geriebene Zitronenschale

- ¼ Teelöffel gemahlener roter Cayennepfeffer

- 1 kleine Gurke, in Scheiben geschnitten

- 1 kleine Karotte, geschält und in dünne Scheiben geschnitten oder in dünne Stangen geschnitten

- Pflanzenöl Frische Koriander- oder Petersilienzweige,

a) Kombinieren Sie Schweinefleisch, Ei, gemahlene Erdnüsse, gehackten Koriander und Salz.

b) Form Mischung in 1 "Kugeln. In 12" Pfanne bei mittlerer bis hoher Hitze 2 EL Öl erhitzen; Fleischbällchen hinzufügen. Etwa 12 Minuten kochen lassen und dabei häufig wenden, bis sie von allen Seiten gut gebräunt sind.

c) In der Zwischenzeit Nudeln hinzufügen.

d) Wenn Fleischbällchen gekocht sind, Erdnussbutter, geriebene Zitronenschale und gemahlenen roten Pfeffer einrühren.

23. Ukrainische Landfleischbällchen "bitki"

Zutat

- 1½ Pfund Pilze frisch oder

- ¼ Pfund getrocknete Pilze

- 2 Pfund   Rinderfutter ohne Knochen

- 3 Stück   Zwiebeln groß fein gehackt

- ½ Tasse Butter oder Margeraine

- 1 gehackte Knoblauchzehe

- 1 Tasse Mehl

- 2 Esslöffel Semmelbrösel

a) Mische die ⅓ von den Zwiebeln, Fleisch, Semmelbröseln Salz & Pfeffer und Knoblauch. Bilden Sie Kugeln dieser Mischung ca. 2 "im Durchmesser. Diese Kugeln flach drücken und in Mehl eintauchen und beide Seiten in Butter bräunen.

b) Pilze in kaltem Wasser einweichen, wenn getrocknete Pilze verwendet werden. 30 Minuten kochen lassen, dann abtropfen lassen und die Brühe aufbewahren. Zwiebel-Pilz-Mischung in Butter anbraten.

c) Die restlichen gehackten Zwiebeln als Schicht in einen großen Topf geben und die Hälfte der gekochten Zwiebel-Pilz-Mischung auf diese Schicht ungekochter gehackter Zwiebeln geben.

d) Legen Sie das Bitki auf diese Schicht und bedecken Sie es mit der restlichen Zwiebel-Pilz-Mischung.

24. Putenfleischbällchen-Spaghetti

Zutat

- ¾ Pfund Gemahlene Putenbrust ohne Haut oder Putenhackfleisch

- ¼ Tasse Karottenschnitzel

- ¼ Tasse gehackte Zwiebel

- ¼ Tasse trockene Semmelbrösel

- 1 Esslöffel gehacktes frisches Basilikum ODER 1 Teelöffel getrocknete Basilikumblätter

- 2 Esslöffel Magermilch

- $\frac{1}{2}$ Teelöffel Salz; wenn gewünscht

- $\frac{1}{4}$ Teelöffel Pfeffer

- 1 Knoblauchzehe; zerquetscht

- 3 Tassen Zubereitete Spaghettisauce

- 2 Tassen Heiß gekochte Spaghetti oder Spaghettikürbis

- Geriebener Parmesankäse; wenn gewünscht

a) In einer mittelgroßen Schüssel Putenhackfleisch, Karotten, Zwiebeln, Semmelbrösel, Basilikum, Milch, Salz, Pfeffer und Knoblauch vermischen. gut mischen. Putenmischung in 1-Zoll-Kugeln formen.

b) Kombinieren Sie in einem großen Topf Fleischbällchen und Sauce. Startseite; Bei mittlerer Hitze 10 bis 15 Minuten kochen, bis die Fleischbällchen in der Mitte nicht mehr rosa sind, gelegentlich umrühren.

c) Mit gekochten Spaghetti oder Spaghettikürbis servieren. Top mit Parmesan.

25. Russische Fleischbällchen (Bitochki)

Zutat

- 1 Pfund   Rinderhack

- 1 Pfund   Gemahlenes Kalbfleisch

- $\frac{1}{2}$ Tasse gehackte Zwiebel

- $\frac{1}{4}$ Tasse gerendertes Nierenfett

- 2 Scheiben Pause, in Milch eingeweicht, trocken gepresst

- 2 Teelöffel Salz

- Gemahlener Pfeffer

- Feine Semmelbrösel

- Butter oder Rinderfett

- 2 Tassen Sauerrahm

- ½ Pfund Pilzscheiben, sautiert

a) Zwiebel in gerendertem Nierenfett kochen, bis sie welk ist. Mischen Sie Rindfleisch, Kalbfleisch, Zwiebel, Brot, Salz und wenig Pfeffer. Gut kneten und kalt stellen.

b) Machen Sie die Hände nass und formen Sie eine Mischung zu Kugeln von der Größe von Goldkugeln. Krümel einrollen und in Butter oder Rinderfett braten, bis alles braun ist. Entfernen und warm halten.

c) Sauerrahm und Champignons in die Pfanne geben. Hitze. Fleisch mit Sauce übergießen.

26. Mediterrane Fleischbällchen

Zutat

- 1 Pfund   Rinderhackfleisch, zerbröckelt

- 3 Esslöffel Ungewürzte trockene Semmelbrösel

- 1 großes Ei

- 1 Teelöffel Getrocknete Petersilienflocken

- 2 Esslöffel Margarine

- $\frac{1}{4}$ Teelöffel Knoblauchpulver

- $\frac{1}{2}$ Teelöffel Getrocknete Minzblätter, zerkleinert

- $\frac{1}{4}$ Teelöffel Getrocknete Rosmarinblätter, zerkleinert

- $\frac{1}{4}$ Teelöffel Pfeffer

- 1 Teelöffel Getrocknete Petersilienflocken

a) Kombinieren Sie alle Fleischbällchen Zutaten in einer mittelgroßen Schüssel. Die Mischung in 12 Fleischbällchen formen.

b) Legen Sie die Margarine, Knoblauchpulver und Parley in eine 1-Tasse.

c) Mikrowelle bei Hoch für 45 Sekunden bis 1 Minute oder bis Butter schmilzt.

d) Tauchen Sie die Fleischbällchen in eine Margarine-Mischung, um sie zu bedecken, und legen Sie sie auf einen Bräter.

e) Mikrowelle bei Hoch für 15 bis 18 Minuten oder bis die Fleischbällchen fest und in der Mitte nicht mehr rosa sind, das Gestell drehen und die Fleischbällchen während der Garzeit zweimal neu anordnen. Auf Wunsch mit heißem gekochtem Reis oder Couscous servieren.

27. Chinesische Fleischbällchen & Brunnenkressesuppe

Zutat

- 8 Unzen   Wasserkastanien

- 1 Pfund   Fein gemahlenes mageres Schweinefleisch

- $4\frac{1}{2}$ Teelöffel Geschälter und gehackter frischer Ingwer

- Gemahlener weißer Pfeffer nach Geschmack

- $1\frac{1}{2}$ Teelöffel Sojasauce

- $2\frac{1}{8}$ Teelöffel Maisstärke

- Salz nach Geschmack

SUPPE:

- 5 Tassen Gemüsebrühe

- 5 Tassen Hühnerbrühe

- Salz

- Frisch gemahlener schwarzer Pfeffer

- 2 Trauben Brunnenkresse, gehackt

- 3 Frühlingszwiebeln, fein gehackt

a) 12 der Wasserkastanien fein hacken. Die restlichen zum Garnieren aufbewahren.

b) Kombinieren Sie Schweinefleisch, Ingwer, gehackte Wasserkastanien, Sojasauce, Maisstärke, Salz und Pfeffer. Gut mischen und zu Kugeln mit einem Durchmesser von $\frac{3}{4}$ Zoll formen.

c) Bringen Sie die Gemüsebrühe und die Hühnerbrühe in einem großen Topf zum Kochen. Ein Viertel der Fleischbällchen in die Brühe geben und pochieren, bis sie oben sind.

d) Brunnenkresse und Frühlingszwiebeln hinzufügen.

28. Keftedes [griechische Fleischbällchen]

Zutat

- 1½ Pfund gemahlenes rundes Steak

- 2 Eier; leicht geschlagen

- ½ Tasse Semmelbrösel; fein, weich

- 2 Medien Zwiebeln; fein gehackt

- 2 Esslöffel Petersilie; frisch, gehackt

- 1 Esslöffel Minze; frisch, gehackt

- ¼ Teelöffel Zimt

- ¼ Teelöffel Piment

- Salz und frisch gemahlener Pfeffer

- Verkürzung zum Braten

a) Alle Zutaten außer dem Backfett vermischen und gründlich mischen.

b) Mehrere Stunden im Kühlschrank lagern. Zu kleinen Kugeln formen und im geschmolzenen Backfett anbraten. Heiß servieren.

29. Französische Fleischbällchen

Zutat

- 1 Pfund   Gemahlenes Huhn oder Pute

- ½ Tasse Semmelbrösel

- 1 Ei

- 1 Teelöffel Petersilienflocken

- ½ Teelöffel Zwiebelpulver

- ¼ Teelöffel Salz

- ⅛ Teelöffel Pfeffer

- $\frac{1}{8}$ Teelöffel Muskatnuss

- 2 Esslöffel Pflanzenöl

- 1 Glas Hühnchen-Kochsauce

- $\frac{1}{4}$ Teelöffel Salz

- $\frac{1}{4}$ Teelöffel Pfeffer

- $1\frac{1}{2}$ Tasse Gefrorene Erbsen

- $\frac{1}{2}$ Tasse Sauerrahm

- 8 Unzen Breite Eiernudeln, gekocht und abgetropft

a) Kombinieren Sie in einer großen Schüssel gemahlenes Huhn, Semmelbrösel, Ei, Petersilie, Zwiebelpulver, $\frac{1}{4}$ Teelöffel Salz, $\frac{1}{8}$ Teelöffel Pfeffer und Muskatnuss. Zu $1\frac{1}{2}$ "Fleischbällchen formen.

b) Allseitig braune Fleischbällchen in Pflanzenöl; Fett abtropfen lassen. Sauce, $\frac{1}{4}$ Teelöffel Salz, $\frac{1}{8}$ Teelöffel Pfeffer und Erbsen hinzufügen.

c) Gedeckt 30 Minuten köcheln lassen oder bis die Fleischbällchen gut gekocht sind. gelegentlich umrühren. Sauerrahm hinzufügen.

30. Lammfleischbällchen aus dem Nahen Osten

Zutat

- 1½ Pfund Lammhackfleisch

- ½ Tasse Zwiebel; gehackt

- ½ Tasse frische Petersilie; gehackt

- 3 Esslöffel Mehl

- 3 Esslöffel Rotwein; (oder Wasser)

- 1½ Teelöffel Salz

- $\frac{1}{2}$ Teelöffel frisch gemahlener Pfeffer

- $\frac{1}{2}$ Teelöffel Piment

- $\frac{1}{4}$ Teelöffel Zimt

- $\frac{1}{4}$ Teelöffel Cayenne-Pfeffer

a) Zutaten mischen, gut mischen und zu 18 Fleischbällchen formen.

b) Platzieren Sie etwa 4 bis 6 Zoll über glühenden Kohlen oder braten Sie etwa 4 Zoll von der Wärmequelle etwa 15 bis 20 Minuten, drehen Sie sich häufig oder bis das Lamm fertig ist.

31. Asiatische Fleischbällchensuppe

Zutat

- 2 Liter Hühnerbrühe

- $\frac{1}{4}$ Pfund Schweinehackfleisch

- 1 Esslöffel gehackte Frühlingszwiebeln

- 1 Esslöffel Sojasauce

- 1 Teelöffel fein gehackter Ingwer

- 1 Teelöffel Sesamöl

Garnelenröllchen:

- $\frac{1}{4}$ Pfund gemahlene Garnelen

- $\frac{1}{2}$ Tasse Cellophan-Nudeln, gekocht

- $1\frac{1}{2}$ Teelöffel Sojasauce

- 1 Teelöffel gehackte Frühlingszwiebeln

- 1 Teelöffel gehackter Knoblauch

- 6 Napa Kohlblätter

- 6 Lange Frühlingszwiebeln

- Gehackte Frühlingszwiebeln zum Garnieren

a) In einem Suppentopf die Hühnerbrühe langsam zum Kochen bringen. Fleischbällchen machen: Zutaten mischen und zu formen $\frac{1}{3}$-Zoll Bälle.

b) Garnelenröllchen machen: Garnelen und die nächsten 4 Zutaten mischen. Kohlblätter auslegen, $1\frac{1}{2}$ Esslöffel Füllung in die Mitte geben und wie eine Frühlingsrolle zusammenfalten; Mit einer Frühlingszwiebel fest binden.

c) Fleischbällchen und Garnelenröllchen vorsichtig in die Brühe geben. 15 Minuten bei niedriger Temperatur kochen lassen.

d) Einige gehackte Frühlingszwiebeln in den Suppentopf geben, die Gewürze anpassen und servieren.

32. Italienisches Fleischbällchen-Sandwich

Zutat

- 1 Pfund   Boden rund oder Bodenfutter

- ½ Pfund Schweinehackfleisch

- 1½ Tasse geriebener Käse

- 2 Tassen Feine trockene Semmelbrösel

- Handvoll getrocknete zerkleinerte Petersilie

- 2 Eier

- $\frac{3}{4}$ Tasse Milch

- Salz Pfeffer

- 1 Liter Tomatensauce & 1 kleine Dose Tomatenmark

- 1 Pint Ganze Tomaten, zerkleinert

- Rotwein

- Pökelfleisch

- Salz, Pfeffer, Knoblauchsalz nach Geschmack

- Trockenes süßes Basilikum, trockener Majoran

- 4 Knoblauchzehen, gehackt

a) Bereiten Sie die Sauce vor

b) Fleischbällchen vorbereiten: Alle Zutaten außer der Milch in eine große Schüssel geben und gut mischen.

c) Bilden Sie eine kleine Portion der Fleischmischung zu einer Kugel mit einem Durchmesser von etwa 2 Zoll. Kochen Sie sie außen zu einer schönen Kruste.

33. Ägyptische Kefta

Zutat

- 1 lb gemahlenes Lamm

- 1 ts Salz

- ½ ts Kurs gemahlener Pfeffer

- Brunnenkresse gehackt

- glatte Petersilie

a) Kombinieren Sie Fleisch, Salz und Pfeffer, formen Sie in 5 oder 6 4-Zoll-Ovale.

b) Den Spieß auffädeln und 5 Minuten grillen, bis er braun ist. Die andere Seite wenden und grillen. Auf einem Bett aus Brunnenkresse servieren. Reichlich mit gehackter Petersilie bestreuen. Mit Fladenbrot begleiten.

34. Europäische Fleischbällchen in Sahnesauce

Zutat

- 8 Unzen   Mageres Rinderhackfleisch rund

- 8 Unzen   Mageres gemahlenes Schweinefleisch oder Kalbsschulter

- 1 kleine gelbe Zwiebel; fein gehackt

- $\frac{1}{2}$ Teelöffel Salz, schwarzer Pfeffer

- $\frac{1}{4}$ Teelöffel getrockneter Thymian; bröckelte

- $\frac{1}{4}$ Teelöffel Majoran oder Oregano; bröckelte

- $\frac{1}{4}$ Teelöffel gemahlene Muskatnuss

- $1\frac{1}{2}$ Tasse frische Semmelbrösel

- 2 Esslöffel Butter

- 2 Esslöffel Allzweckmehl

- $1\frac{1}{2}$ Tasse Rinderbrühe

- 2 Esslöffel Snipped Dill -oder-

- 2 Teelöffel getrocknetes Dillgras

- $\frac{1}{2}$ Tasse Schwere oder leichte Creme

a) In einer Schüssel Rindfleisch, Schweinefleisch, Zwiebel, Salz, Pfeffer, Thymian, Majoran, Muskatnuss, Semmelbrösel und Wasser mit den Händen mischen.

b) Form Mischung in 2-Zoll-Kugeln. Auf jeder Seite braten oder bis sie leicht gebräunt sind.

c) Um die Sauce zuzubereiten, schmelzen Sie Butter in einer schweren 10-Zoll-Pfanne bei mäßiger Hitze. Mehl untermischen, um eine glatte Paste zu erhalten. Fleischbällchen in die Sauce geben.

d) Rühren Sie den Dill ein und fügen Sie die Sahne hinzu und rühren Sie, bis die Sauce glatt ist, ca. 1 Minute. Fügen Sie eine Röte Paprika und den Dill hinzu. Mit Kartoffeln oder gebutterten Eiernudeln servieren.

35. Dänische Fleischbällchen (Frikadeller)

Zutat

- ½ Pfund Kalbfleisch

- ½ Pfund Schweinefleisch

- 1 Gramm Zwiebel

- 2 Tassen Milch

- Pfeffer nach Geschmack

- 2 Esslöffel Mehl oder 1 Tasse Semmelbrösel

- 1 Ei

- Salz nach Geschmack

a) Kalbfleisch und Schweinefleisch 4 oder 5 Mal durch eine Mühle geben. Mehl oder Semmelbrösel, Milch, Ei, Zwiebel, Salz und Pfeffer hinzufügen. Gründlich mischen.

b) Von einem großen Esslöffel auf die Pfanne fallen lassen und bei schwacher Hitze braten.

c) Mit gebräunter Butter, Kartoffeln und gedünstetem Kohl servieren.

36. Einfache schwedische Fleischbällchen

Zutat

- 2 Pfund Hackfleisch (Rindfleisch, Kalbfleisch & Schweinefleisch)

- 1 Zwiebel, gerieben

- $\frac{1}{2}$ Tasse Semmelbrösel

- Salz, Pfeffer

- 1 Teelöffel Worcestershire-Sauce

- 2 Eier, geschlagen

- 4 Esslöffel Butter

- 2 Tassen Brühe oder Brühe

- 4 Esslöffel Mehl

- ¼ Tasse Sherry

a) Mischen Sie die ersten sechs Zutaten und formen Sie sie zu kleinen Kugeln. In Butter anbraten.

b) Brühe hinzufügen, Pfanne abdecken und 15 Minuten köcheln lassen. Entfernen Sie die Fleischbällchen, halten Sie sich warm. Die Soße mit dem Mehl, das mit etwas kaltem Wasser gemischt ist, eindicken. 5 Minuten kochen, Sherry hinzufügen. Fleischbällchen in Soße erhitzen.

37. Deutsche Fleischbällchen

Zutat

- 1 Pfund   Rindfleisch, gemahlen

- 1 Pfund   Schweinefleisch, gemahlen

- 1   Zwiebel gerieben

- ⅓ Tasse Brotkrumen

- Salz salzen

- Dash Pfeffer

- Strich Muskatnuss

- 5   Eiweiß, steif geschlagen

- 3 Tassen Wasser

- 1 Zwiebel, fein schneiden

- 4 Lorbeerblätter

- 1 Esslöffel Zucker

- 1 Teelöffel Salz

- $\frac{1}{2}$ Teelöffel Piment & Pfefferkörner

- $\frac{1}{4}$ Tasse Estragonessig

- 1 Esslöffel Mehl

- 5 Eigelb, geschlagen

- 1 Zitrone, in Scheiben geschnitten

- Kapern

a) FLEISCHBÄLLE: Alle Zutaten mischen und zuletzt geschlagenes Eiweiß hinzufügen. Zu Kugeln formen. SAUCE: Die ersten 6 Zutaten 30 Minuten kochen. Belastung; zum Kochen bringen, Fleischbällchen hinzufügen und 15 Minuten köcheln lassen. Nehmen Sie die Fleischbällchen auf die heiße Platte und halten Sie sie heiß. Fügen Sie Essig zur Flüssigkeit hinzu.

38. Ghana Frikadelleneintopf

Zutat

- 2 Pfund   Hackfleisch

- 1 Teelöffel Zitronensaft

- 1 großes Ei; Leicht geschlagen

- 1 Tasse Zwiebeln; Fein gehackt

- 1 Teelöffel Salz, 1 Teelöffel schwarzer Pfeffer

- 1 Schuss Knoblauchpulver

- 1 Teelöffel gemahlene Muskatnuss

- 1½ Esslöffel Allzweckmehl

- $\frac{1}{2}$ Tasse Speiseöl

- 1 mittlere Zwiebel; Geschnitten

- 1 Tasse Tomatensauce

- 1 mittlere Tomate; Geschält und in Scheiben geschnitten

- 1 grüner Pfeffer; Geschnitten

a) In einer großen Rührschüssel Rinderhackfleisch mit Zartmacher, Zitronensaft, Ei, Zwiebeln, Salz, Pfeffer nach Wahl, Knoblauch und Muskatnuss vermischen.

b) Bilden Sie ungefähr ein Dutzend Esslöffel große Kugeln des gewürzten Rindfleischs.

c) In der Zwischenzeit Öl in einer großen Pfanne bei mittlerer Hitze erhitzen. Braten Sie alle Seiten der Fleischbällchen gleichmäßig an, während Sie zum Drehen einen Metalllöffel verwenden.

d) Um die Soße zuzubereiten, geben Sie das restliche Speiseöl in eine große, saubere Pfanne und bräunen Sie das restliche Mehl an. Fügen Sie Zwiebeln, Tomatensauce, geschnittene Tomaten und grünen Pfeffer hinzu.

e) Fügen Sie reservierte gebräunte Fleischbällchen hinzu, decken Sie sie ab und reduzieren Sie die Hitze auf ein köcheln.

39. Fernost Vorspeise Frikadellen

Zutat

- 1 Dose Spam Mittagessen Fleisch; (12 Unzen)

- ⅔ Tasse Trockene Semmelbrösel

- ½ Tasse Gehackte, gut durchlässige Sojabohnensprossen

- ¼ Tasse gehackte Frühlingszwiebeln

- ¼ Teelöffel Ingwerpulver

- Frisch gemahlener schwarzer Pfeffer; schmecken

- Cocktail-Picks

DIPPING SAUCE

- 1 Tasse Tomatensaft

- $\frac{1}{4}$ Tasse fein gehackter grüner Pfeffer

- ⅓ Tasse Fein gehackte Frühlingszwiebeln

- $\frac{1}{4}$ Teelöffel gemahlener Ingwer

a) Kombinieren Sie gemahlenen Spam mit Semmelbröseln, Sojabohnensporuts, Zwiebeln, Ingwer und Pfeffer.

b) Die Mischung in 24 Kugeln formen. In eine flache Backform legen. 15 Minuten bei 425 Grad backen. Auf Raumtemperatur abkühlen lassen.

c) Speer Fleischbällchen auf Cocktail-Picks und tauchen Sie in heiße Fernost-Dip-Sauce.

d) Far East Dipping Sauce: In einem kleinen Topf alle Zutaten vermischen. Zum Kochen bringen; köcheln lassen, unbedeckt, 5 Minuten. Heiß servieren.

40. Indonesische Fleischbällchen

Zutat

- 500 Gramm gehacktes Schweinefleisch

- 1 Teelöffel Geriebener frischer Wurzel Ingwer

- 1 Zwiebel; sehr fein gehackt

- 1 Ei; geschlagen

- ½ Tasse frische Semmelbrösel

- 1 Esslöffel Öl

- 1 Zwiebel; gewürfelt

- 1 Knoblauchzehe; zerquetscht

- 1 Teelöffel Geriebener frischer Wurzel Ingwer

- $\frac{1}{4}$ Teelöffel gemahlener Koriander

- 1 Dose Nestle Reduced Cream

- 2 Esslöffel feine Kokosnuss

- 4 Teelöffel Sojasauce

- $\frac{1}{4}$ Tasse knusprige Erdnussbutter

a) Kombinieren Sie das gehackte Schweinefleisch, Wurzel Ingwer, Zwiebel, Ei und Semmelbrösel. Gut mischen.

b) Fügen Sie die Fleischbällchen hinzu und kochen Sie sie, bis sie überall goldbraun sind.

c) Legen Sie die Butter in die Pfanne. Fügen Sie die Zwiebel hinzu und kochen Sie sie 2-3 Minuten lang.

d) Knoblauch, Wurzel-Ingwer-Curry-Pulver und gemahlenen Koriander einrühren.

e) Fügen Sie den reduzierten Ries, das Wasser und die Kokosnuss hinzu. Rühren Sie bis glatt, und fügen Sie dann die Sojasauce und Erdnussbutter hinzu. Fügen Sie Fleischbällchen hinzu.

41. Libanesische Fleischbällchen

Zutat

- ½ Tasse gehackte Zwiebel

- 3 Esslöffel Butter

- 1 Pfund Rinderhack

- 1 Ei, geschlagen

- 2 Scheiben Brot eingeweicht in 1/2 c. Milch

- 1 Teelöffel Salz

- ⅛ Teelöffel Pfeffer

- 1 Tasse trockene Semmelbrösel

- 2 Tassen Naturjoghurt

a) Zubereitung: Zwiebel in 1 Esslöffel Butter glasig dünsten.

b) Leicht abkühlen lassen. Mit Fleisch, Ei, Brot und Gewürzen mischen. Formen Sie in $1\frac{1}{4}$ Zoll Kugeln und rollen Sie sie in trockenen Semmelbröseln. In den restlichen 2 Esslöffeln Butter langsam anbraten. Alle bis auf 2 Esslöffel Fett abtropfen lassen.

c) Löffeln Sie Joghurt vorsichtig über und um Fleischbällchen. 20 Minuten köcheln lassen. Heiß mit Reis oder Weizenpilaf servieren.

42. Kalifornische Fleischbällchen & Paprika

Zutat

- 3 Esslöffel Olivenöl

- 1 große rote Paprika, entkernt, entkernt

- 1 große grüne Paprika, entkernt, entkernt

- 1 große gelbe Paprika, entkernt, entkernt

- 1 große Zwiebel, in Keile geschnitten

- ⅓ Pfund Rinderhackfleisch

- ⅓ Pfund Schweinehackfleisch

- ⅓ Pfund gemahlenes Kalbfleisch

- 1 großes Ei

- ¼ Tasse feine trockene Semmelbrösel

- ¼ Tasse Gehackte frische Petersilie

- 1 Teelöffel Fenchelsamen, zerkleinert

- 1¼ Teelöffel Salz

- ¼ Teelöffel schwarzer Pfeffer

- ½ Tasse Entkernte schwarze Oliven, halbiert

a) In 12 "Pfanne bei mittlerer Hitze 1 EL Olivenöl erhitzen; rote, grüne und gelbe Paprika und Zwiebeln hinzufügen.

b) Kombinieren Sie Metzgermischung, Ei, Semmelbrösel, Petersilie, Fenchelsamen, ¼ TL. Salz und schwarzer Pfeffer.

c) Formen Sie die Mischung in 1¼ "Kugeln.

43. Kantonesische Fleischbällchen

Zutat

- 1 Pfund   Rinderhack

- ¼ Tasse gehackte Zwiebeln

- 1 Teelöffel Salz

- 1 Teelöffel Pfeffer

- ½ Tasse Milch

- ¼ Tasse Zucker

- 1½ Esslöffel Maisstärke

- 1 Tasse Ananassaft

- $\frac{1}{4}$ Tasse Essig

- 1 Teelöffel Sojasauce

- 1 Esslöffel Butter

- 1 Tasse Sellerie in Scheiben geschnitten

- $\frac{1}{2}$ Tasse Geschnittener Pfeffer

- $\frac{1}{2}$ Tasse Mandelblättchen, sautiert

- Bilden Sie 20 kleine Fleischbällchen aus Rindfleisch, Zwiebeln, Salz, Pfeffer und Milch.

a) Kombinieren Sie Zucker und Maisstärke; Flüssigkeiten untermischen und Butter hinzufügen.

b) Bei schwacher Hitze unter ständigem Rühren klar kochen.

c) Gemüse hinzufügen und 5 Minuten leicht erhitzen.

d) Fleischbällchen auf ein Bett aus gekochtem Reis legen, mit Sauce belegen und mit Mandeln bestreuen.

COCKTAIL TOOTHPICK FLEISCHBÄLLE

44. Festliche Cocktail-Frikadellen

Zutat

- 1½ Pfund Rinderhackfleisch

- 1 Tasse MINUTE Reis

- 1 Dose Ananas in Saft zerkleinert

- ½ Tasse Karotte [fein zerkleinert]

- ½ Tasse Zwiebel [gehackt]

- 1 Ei [geschlagen]

- 1 Teelöffel Ingwer [gemahlen]

- 8 Unzen   Französisches Dressing

- 2 Esslöffel Sojasauce

a) Mischen Sie alle Zutaten mit Ausnahme der letzten 2 in einer Schüssel und formen Sie dann 1 "Fleischbällchen.

b) Auf ein gefettetes Backblech legen und im vorgeheizten Backofen backen.

c) Mischen Sie die Sojasauce und das Dressing.

d) Servieren Sie die Frikadellen warm mit dem Dressing.

45. Chipotle Vorspeise Frikadellen

Zutat

- 1 mittlere Zwiebel; gehackt

- 4 Knoblauchzehen; gehackt

- 1 Esslöffel Pflanzenöl

- 1 Tasse Tomatensauce

- 2 Tassen Rinderbrühe

- $\frac{1}{4}$ Tasse Chipotles Adobo zusammen mit der Sauce

- 1 Pfund   Rinderhack

- 1 Pfund   Mett

- $\frac{1}{2}$ Tasse Fein gehackte Zwiebel

- $\frac{1}{4}$ Tasse Fein gehackter frischer Koriander

- $\frac{1}{2}$ Tasse Semmelbrösel

- 1 Ei; geschlagen

- Salz und frisch gemahlener schwarzer Pfeffer

- Pflanzenöl zum Braten

a) Zwiebel und Knoblauch im Öl anbraten, bis sie leicht gebräunt sind. Fügen Sie die Tomatensauce, die Brühe und die Chipotles in Adobo-Sauce hinzu.

b) Rindfleisch, Schweinefleisch, Zwiebel, Koriander, Semmelbrösel, Ei mischen und mit Salz und Pfeffer würzen. Vorsichtig mischen und dann zu kleinen Fleischbällchen formen.

c) Gießen Sie ein paar Esslöffel Öl in einen schweren Topf und bräunen Sie die Fleischbällchen an.

46. Cranberry Cocktail Frikadellen

Zutat

- 2 Pfund   Chuck, Boden

- 2 Stück   Eier

- ⅓ Tasse Catsup

- 2 Esslöffel Sojasauce

- ¼ Teelöffel Pfeffer

- 12 Unzen Chili-Sauce

- 1 Esslöffel Zitronensaft

- 1 Tasse Cornflakes, Krümel

- ⅓ Tasse Petersilie, frisch, gehackt

- 2 Esslöffel Zwiebel, grün und gehackt

- 1 Stück Knoblauchzehe, gepresst

- 16 Unzen Cranberry-Sauce, ganze Ber

- 1 Esslöffel brauner Zucker

a) Kombinieren Sie die ersten 9 Zutaten in einer großen Schüssel; gut umrühren. Formen Sie die Fleischmischung in 1-Zoll-Kugeln.

b) In eine ungefettete 15x10x1 Geleerollenpfanne geben. 8 - 10 Minuten bei 500F backen.

c) Fleischbällchen abtropfen lassen, in eine Chafing Dish geben und warm halten.

d) Kombinieren Sie Cranberry-Sauce mit den restlichen Zutaten in einer Soßenpfanne. Bei mittlerer Hitze unter gelegentlichem Rühren sprudeln lassen; über Fleischbällchen gießen. Warm servieren.

47. Wein Fleischbällchen

Zutat

- 1½ Pfund Chuck, gemahlen
- ¼ Tasse   Paniermehl, gewürzt
- 1 mittlere Zwiebel; gehackt
- 2 Teelöffel   Meerrettich, zubereitet
- 2 Knoblauchzehen; zerquetscht
- ¾ Tasse   Tomatensaft
- 2 Teelöffel   Salz
- ¼ Teelöffel Pfeffer
- 2 Esslöffel Margarine
- 1 mittlere Zwiebel; gehackt
- 2 Esslöffel Mehl, Allzweck

- 1½ Tasse Rinderbrühe
- ½ Tasse   Wein, trocken rot
- 2 Esslöffel Zucker, braun
- 2 Esslöffel Catsup
- 1 Esslöffel   Zitronensaft
- 3 Gingersnaps; bröckelte

a) Die ersten 8 Zutaten gut vermischen. In 1 "Kugeln formen; in eine 13x9x2" Auflaufform geben. 20 Minuten bei 450 Grad backen. Aus dem Ofen nehmen und überschüssiges Fett abtrocknen.

b) Margarine in einer großen Pfanne erhitzen, Zwiebel anbraten, bis sie weich ist. Mehl untermischen; Nach und nach Rinderbrühe unter ständigem Rühren hinzufügen. Fügen Sie die restlichen Zutaten hinzu. Bei schwacher Hitze 15 Minuten kochen lassen; Fleischbällchen hinzufügen und 5 Minuten köcheln lassen.

48. Chuletas (mexikanische Cocktail-Frikadellen)

Zutat

- 2 Pfund Rinderhackfleisch
- 2 Tassen   Petersilie Zweige; Gehackt
- 3 gelbe Zwiebel; Gehackt
- 2 große Eier; leicht geschlagen
- 1 Esslöffel   Salz
- ½ Tasse   Parmesan Käse; Frisch gerieben
- ½ Teelöffel Tabasco-Sauce
- 1 Teelöffel schwarzer Pfeffer
- 3 Tassen   Semmelbrösel
- Olivenöl

a) Mischen Sie alle Zutaten außer Krümel. Zu kleinen Bällen in Cocktailgröße formen.

b) Bällchen in Semmelbrösel rollen. Gut abkühlen lassen. Drei bis vier Minuten in Olivenöl anbraten. In eine Chafing Dish geben. Mit Ihrer Lieblingssalsa als Dip servieren. Macht ungefähr 15 pro Pfund Rinderhackfleisch.

49. Chafing Dish Party Frikadellen

Zutat

- 1 Pfund   Rinderhack

- ½ Tasse feine trockene Semmelbrösel

- ⅓ Tasse Zwiebel; gehackt

- ¼ Tasse Milch

- 1   Ei; geschlagen

- 1 Esslöffel frische Petersilie; gehackt

- 1 Teelöffel Salz

- ½ Teelöffel schwarzer Pfeffer

- 1 Esslöffel Worcestershire-Sauce

- $\frac{1}{4}$ Tasse Crisco Gemüsefett

- 1 12 Unzen Flasche Chili-Sauce

- 1 10 Unzen Glas Traubengelee

a) Zu 1 "Fleischbällchen formen. In einer elektrischen Pfanne in heißem Backfett bei mittlerer Hitze 10-15 Minuten lang oder bis sie braun sind. Auf Papiertüchern abtropfen lassen.

b) Kombinieren Sie Chilisauce und Traubengelee in einem mittelgroßen Topf (oder der gleichen elektrischen Pfanne). gut umrühren. Fügen Sie Fleischbällchen hinzu und köcheln Sie bei niedriger Temperatur 30 Minuten lang unter gelegentlichem Rühren. Mit Zahnstochern aus einer Chafing Dish servieren, um sich warm zu halten

50. Elch Cocktail Frikadellen

Zutat

- 2 Pfund   Hackfleisch

- 1 jedes Ei, leicht geschlagen

- ½ Teelöffel Pfeffer

- 1 Tasse feine Semmelbrösel

- 1 Teelöffel Salz

- ½ Tasse Milch

- 2 Teelöffel Geriebene Zwiebel

- $2\frac{1}{2}$ Tasse Ananassaft

- $\frac{1}{4}$ Tasse Mehl

- 1-2 TL Verkürzung

- 1 Tasse Barbecue-Sauce

RICHTUNGEN

a) Mischen Sie Fleisch, Krümel, Ei, Salz, Pfeffer, Milch, Pfeffer und Zwiebel; Zu kleinen Fleischbällchen formen. In heißem Backfett bräunen. Ananassaft, Barbecue-Sauce und Mehl mischen. Fügen Sie die Fleischbällchen der Sauce hinzu.

b) Eineinhalb Stunden bei 350 Grad im Auflauf backen. Kann heiß oder kalt auf Zahnstochern serviert werden.

FAZIT

Die meisten von uns verbinden Fleischbällchen mit den Klassikern der italienisch-amerikanischen Küche: langsam gedünstete Marinara-Sauce, die die nach Oregano duftenden Bällchen bedeckt und auf Spaghetti gestapelt ist. Fleischbällchen tauchen aber auch in der Küche anderer Kulturen auf, vom Nahen Osten bis nach Südostasien. Schließlich verwendet ein Fleischbällchen oft weniger wünschenswerte Fleischstücke - solche, die fein gehackt werden müssen und eine Vielzahl von Add-Ins, um richtig genossen zu werden -, und so haben Köche weltweit erkannt, dass sie ein idealer Weg sind, um zusätzliche Stücke von zähem Fleisch zu verwenden , fette Schweineschulter.

Welche Aromen Sie sich gerade wünschen, kann wahrscheinlich an die Formel von Fleisch, Brot, Ei und Salz angepasst werden. Tatsächlich brauchen Sie nicht einmal das Fleisch für einen Fleischbällchen. Wir haben einen Gemüseball, auf den wir wirklich stolz sind!

Lightning Source UK Ltd.
Milton Keynes UK
UKHW020817170621
385664UK00001B/106

9 781802 886597

INTRODUCTION

The principal aim of this series is to provide quality music based on well-known hymn tunes for church organists. These pieces have been specially written by a range of composers based in the UK and the US, and their practical experience and imaginative response to the tunes has led to settings that are both fresh and original yet also effective and useful in the context of church services. There are pieces for all parts of a service: preludes, processionals, communion pieces, and postludes; some are also suitable for recital use.

The number of hymn tunes used in worship is very great indeed. Our objective has been to select the most significant and widely used tunes for the season or theme which the volume represents. We have attempted to choose hymns relevant to all major denominations and also balance tried and tested hymns alongside spirituals and emerging new worship or praise songs. In keeping with the intention to be practical, pieces as far as possible are written in the most commonly used key for the hymn, so that preludes and postludes may precede or follow seamlessly from the singing of the hymn (however, given the gradual drift downwards of keys in recent years and that different hymnals display a range of keys, this is impossible to achieve in its entirety).

Some interesting market differences have emerged. While some tunes in any one season are equally popular in many countries, there are other tunes which are popular or indeed only known in one market. Then there are tunes which are firmly established for one season in one market, only to be as firmly established in a different season in another! As far as is possible, we have sought to balance these differences within each volume and present a useful compendium which meets the needs of all organists. The online index of tunes (available from the Companion Website: www.oup.co.uk/companion/ohso) also provides a single complete listing of all tunes in the series by volume, thus enabling players to locate particular settings within the series as a whole.

Registration suggestions are provided for each piece, and most are suitable for a standard two-manual instrument with pedals, or may be readily adapted. Some pieces will suit a range of different registrations, and some pieces serve equally well as either a quiet pre-service prelude or, perhaps at a faster pace, a more triumphant postlude. Players should feel free to customize the registrations suggested to suit their own particular needs and instrument.

It has been fascinating to see how composers have responded to their selected tunes. In many cases the raw material may be quite modest – perhaps repetitive or limited in range or rhythmic values – yet often composers have crafted something telling and inventive that offers something new and useful. Their work underscores the central place of hymnody in church worship, and we hope will provide much rewarding and practical music for church organists everywhere.

Rebecca Groom te Velde, Stillwater, Oklahoma
David Blackwell, Oxford, UK
March, 2014

CONTENTS

	Page
Adeste, fideles (Fantasia)	2
Adeste, fideles (Pastorale)	6
Antioch	9
Besançon	12
Bristol	16
Carol	18
Carol of the Advent	12
Conditor alme siderum	24
Corde natus	32
Cradle Song	21
Cranham	26
Cross of Jesus	28
Divinum mysterium	32
Es ist ein' Ros' entsprungen	35
Forest Green	38
Gabriel's Message	42
Genevan	92
Gloria	44
God rest you merry	48
Go, tell it on the mountain	55
Helmsley	52
In dulci jubilo	62
Irby	60
Iris	44
Little Cornard	67
Mendelssohn	70
Merton	74
Mueller	76
Noel	80
O Jesulein süss	82
Personent hodie	86
Picardy	90
Psalm 42	92
St Louis	94
St Stephen	100
Stille Nacht	97
Still, still, still	102
The first Nowell	104
Veni Emmanuel	106
Wachet auf	109
Winchester New	112
Winchester Old	114

Adeste, fideles

Fantasia

Sw.: 8' to Mixt.
Gt.: 8' to Mixt., Sw. to Gt.
Ped.: Found. 16', 8', Sw. and Gt. to Ped.

DAVID BLACKWELL
(b. 1961)

Adeste, fideles: melody possibly by John Francis Wade (*c*.1711–86)

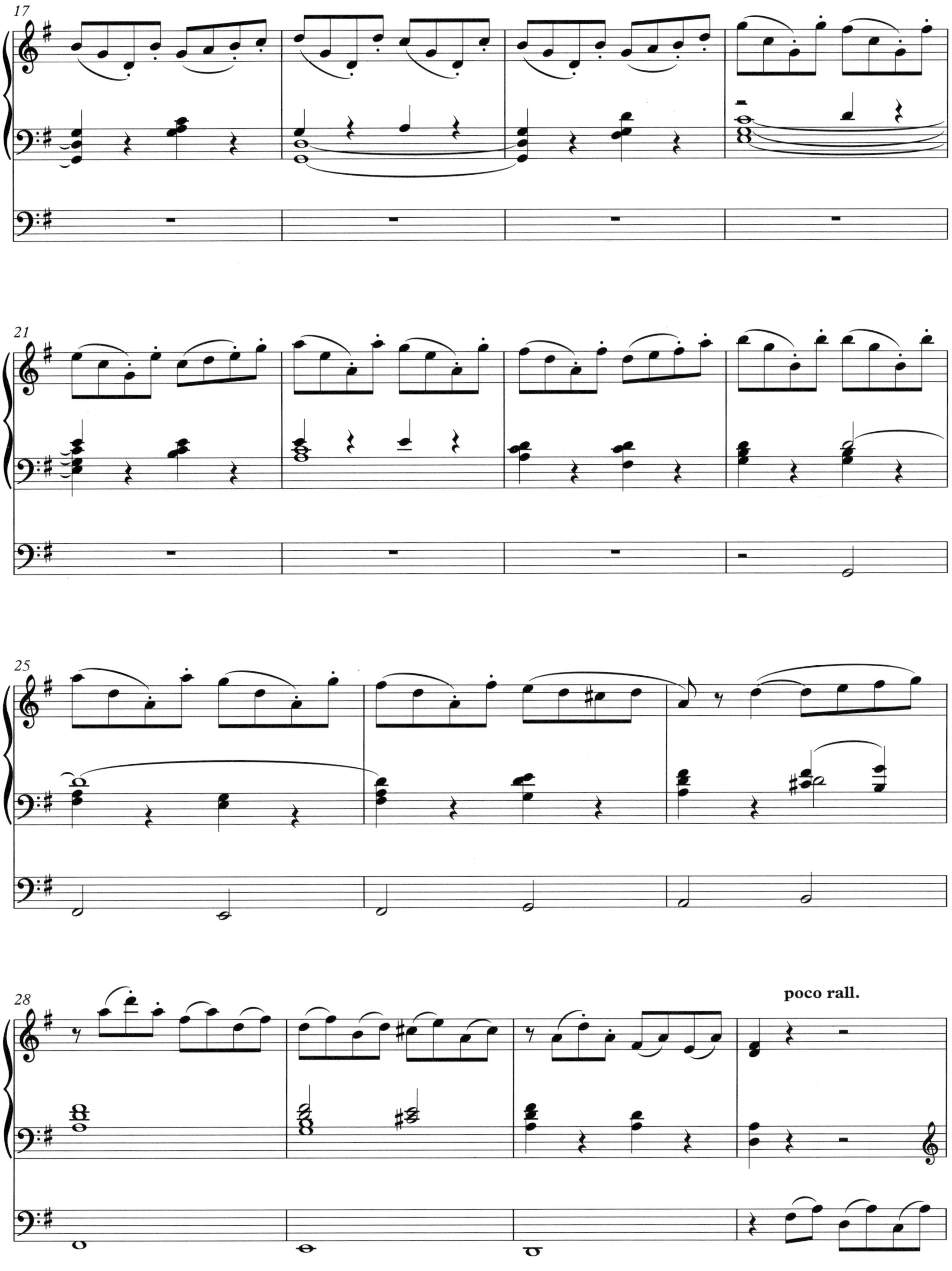
17
21
25
28
poco rall.

allargando
a tempo
32
ff marcato
- Gt. Mixt.
Sw.
mf
- Gt. to Ped., - Ped. Reeds
37
cresc.
Gt.
f
(Sw.)
41
45
poco meno mosso
mf legato
Gt.
+ Gt. to Ped.

49
cresc.
53
rall.
molto allarg. ♩ = 80
molto rall.
f
ff
+ Gt. Mixt.
57
Maestoso ♩ = 60
rall.
60
più mosso ♩ = 100
molto rall.
(+ 32')

Adeste, fideles

Pastorale

DAVID SCHELAT
(b. 1955)

Sw.: Quintadena or String 8'
Gt.: Flute 8'
Ped.: Flute 16', 8'

Adeste, fideles: melody possibly by John Francis Wade (*c.*1711–86)

Alternative registration: Gt. (or Ch.): 8', 2'; Sw.: Krummhorn; Ped.: 16', 8'

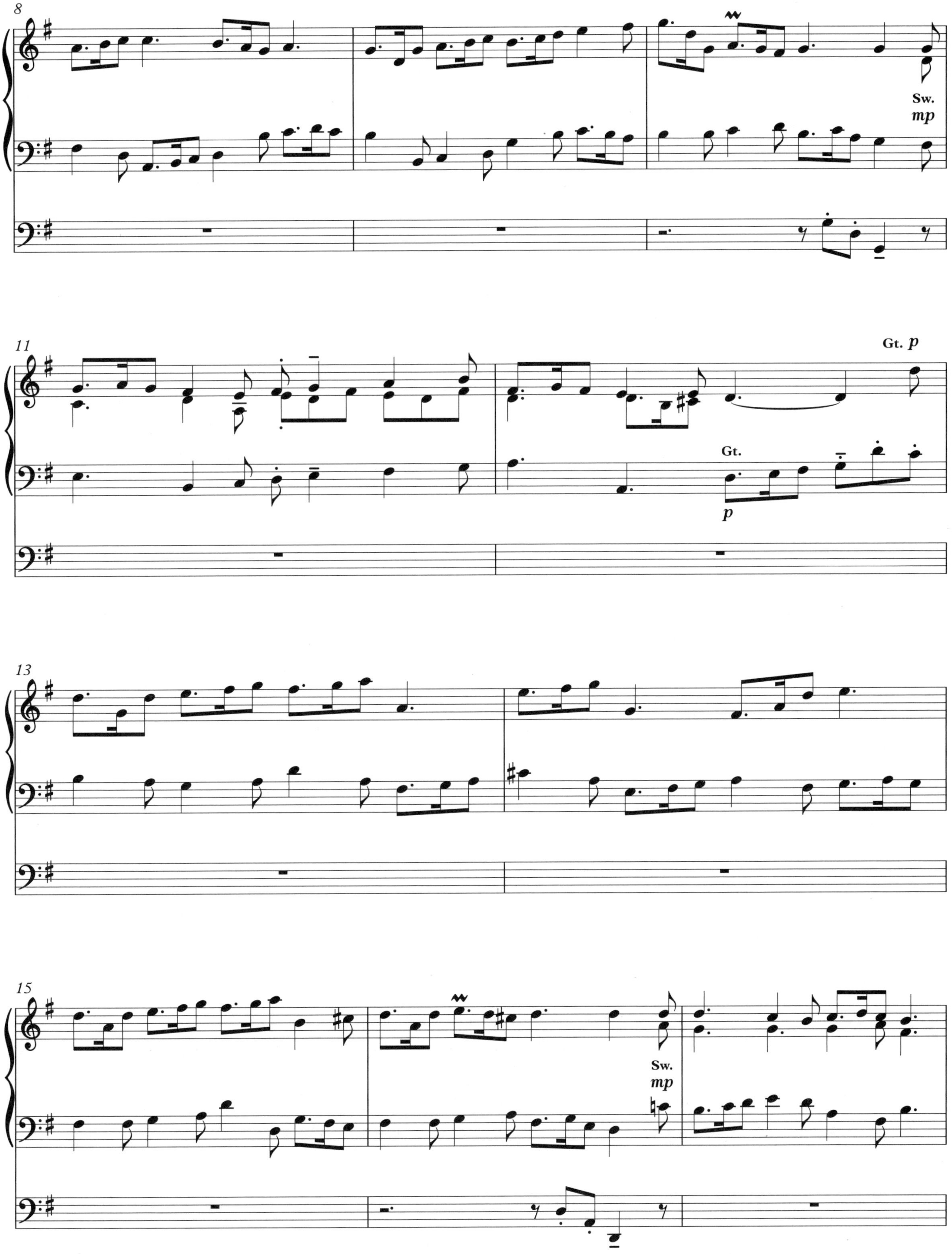
8
Sw.
mp
11
Gt. p
Gt.
p
13
15
Sw.
mp

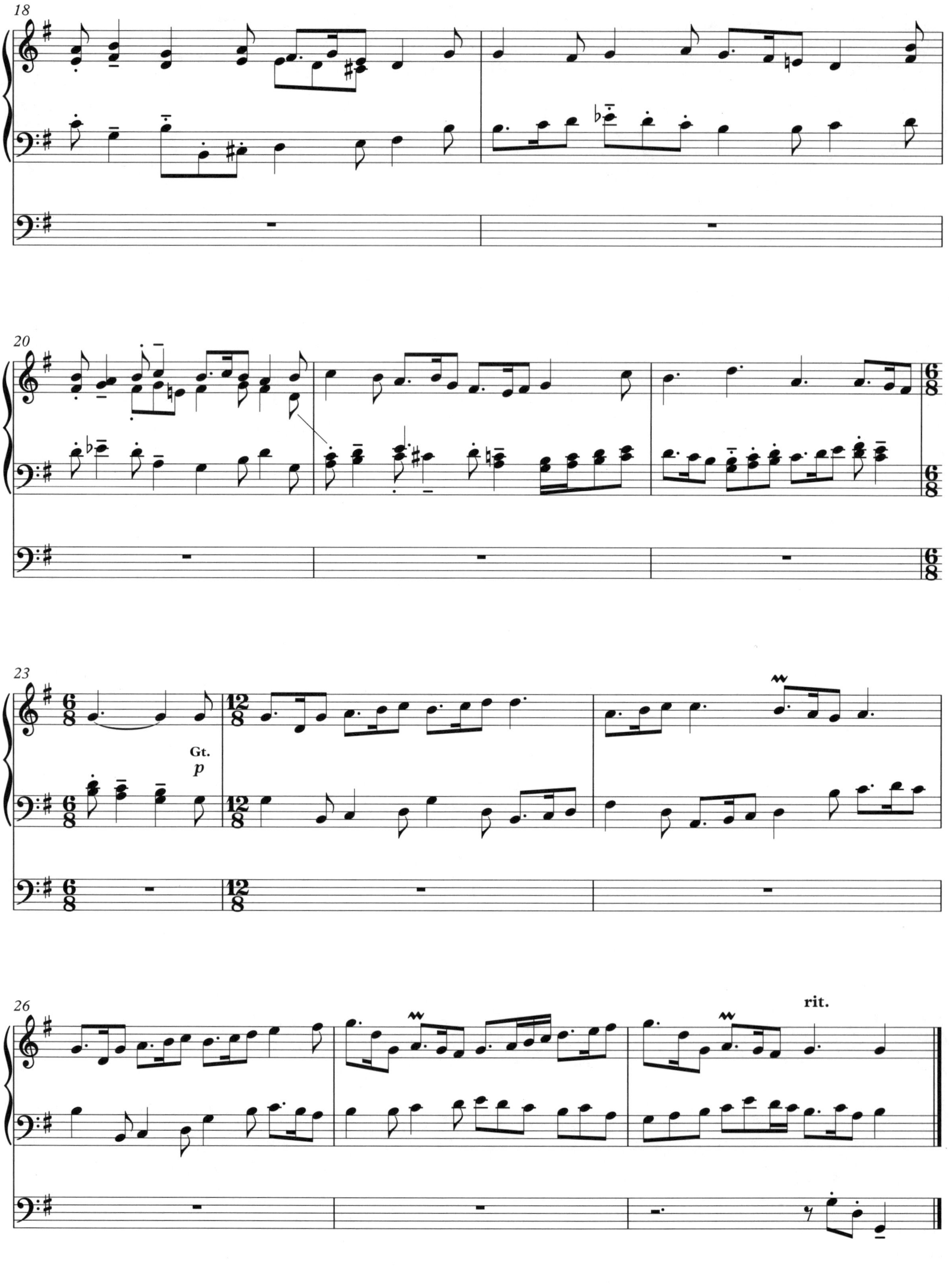
Gt.
p
rit.

for Thayer Cory, with affection and gratitude

Antioch

Carillon

MARY BETH BENNETT
(b. 1954)

I, II, III: (16'), 8' to Mixt., (8' Tpt.),
  II and III to I
Ped.: Found. 16', 8', 4', Mixt., Reed 16',
  I, II, and III to Ped.

Antioch: Lowell Mason (1792–1872) based on Handel

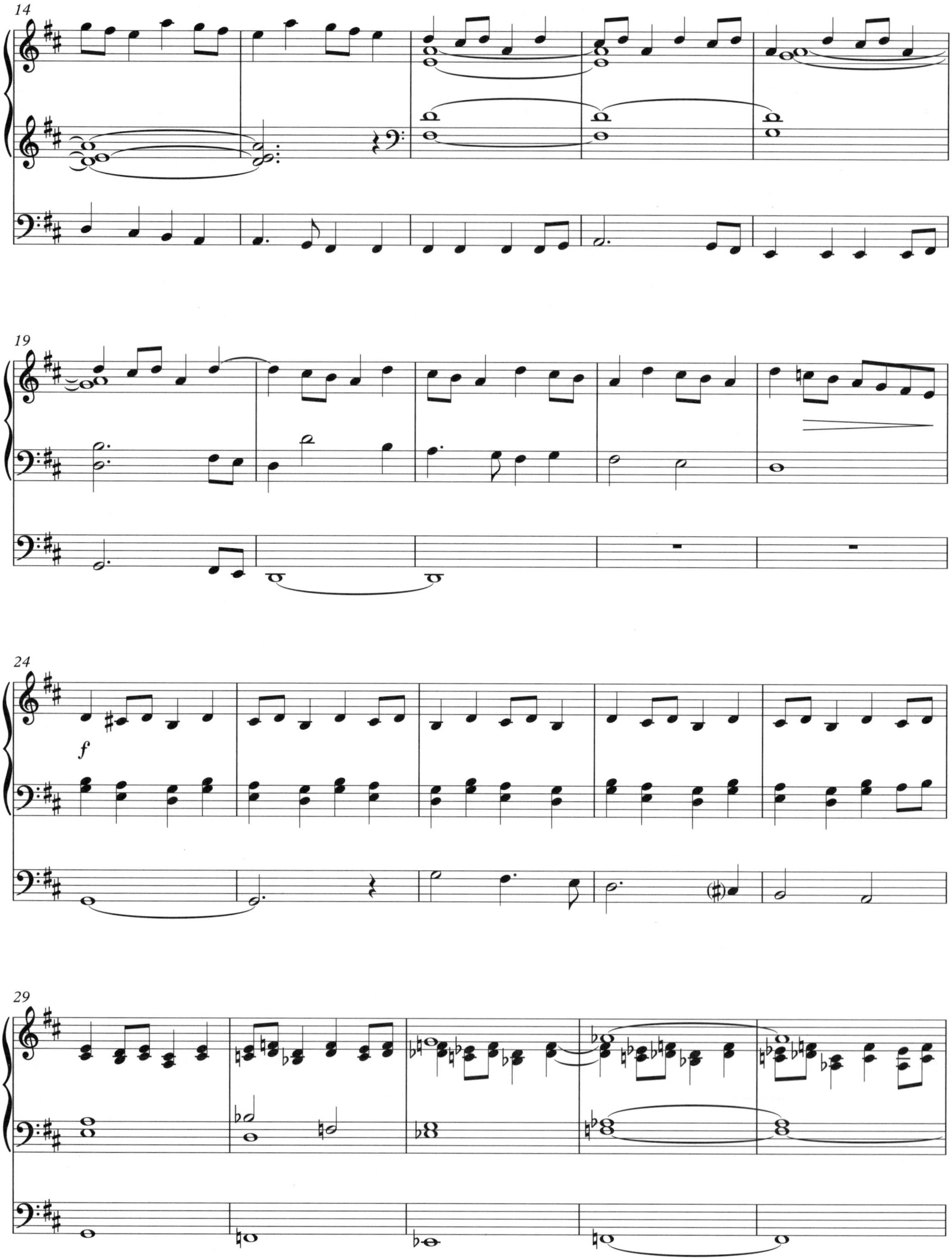
14
19
24
f
29

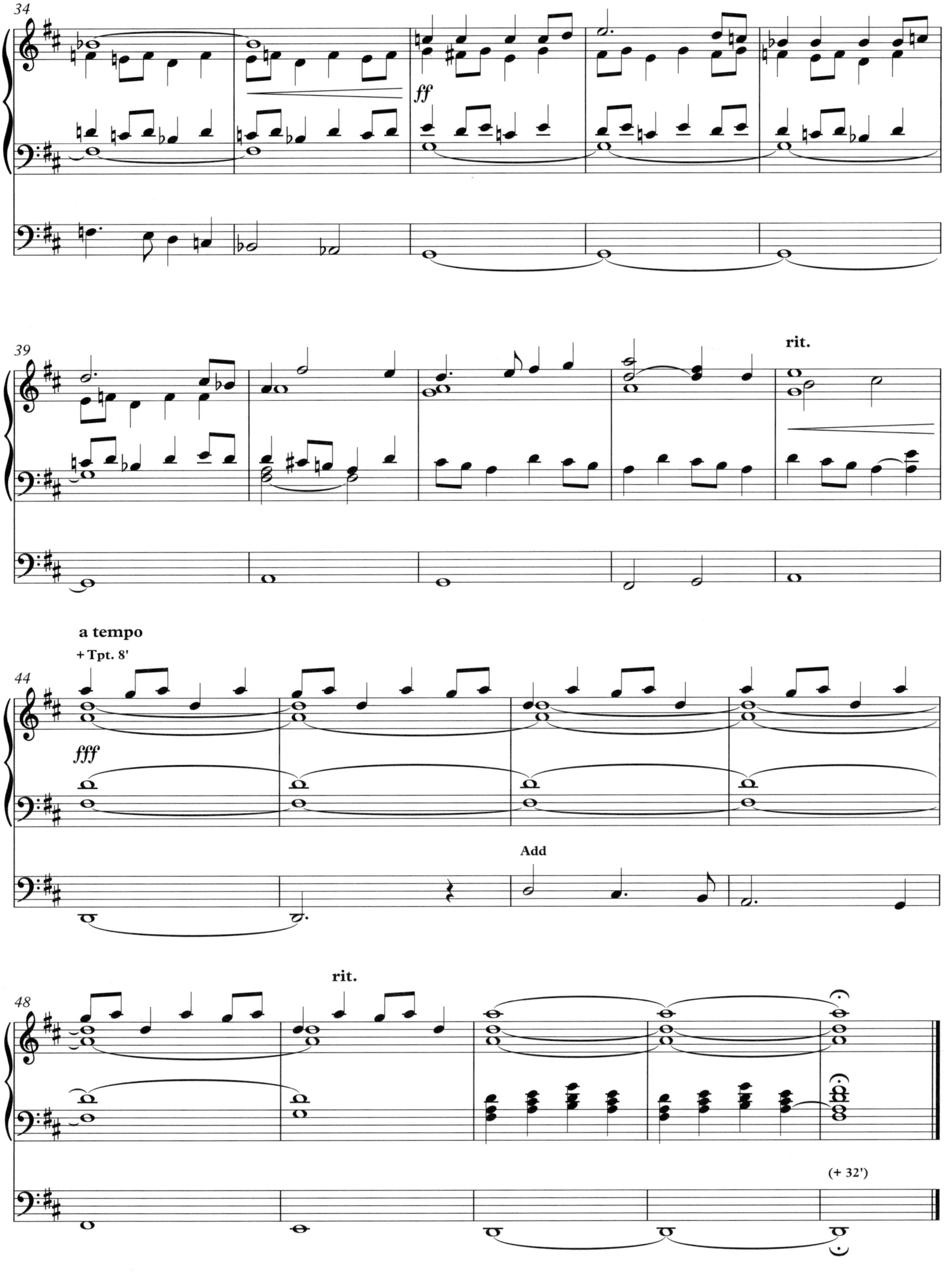
34
ff
39
rit.
a tempo
+ Tpt. 8'
44
fff
Add
48
rit.
(+ 32')

for Brent Arthur

Besançon / Carol of the Advent

Carillon

Sw.: **Plenum with Mixt., light Reed 8'**
Gt.: **Principal Chorus 8', 4', 2', Sw. to Gt.**
Ped.: **Found. 16', 8', 4', Reeds 16', 8', Sw. to Ped.**

REBECCA GROOM TE VELDE
(b. 1956)

Besançon/Carol of the Advent: French folk melody

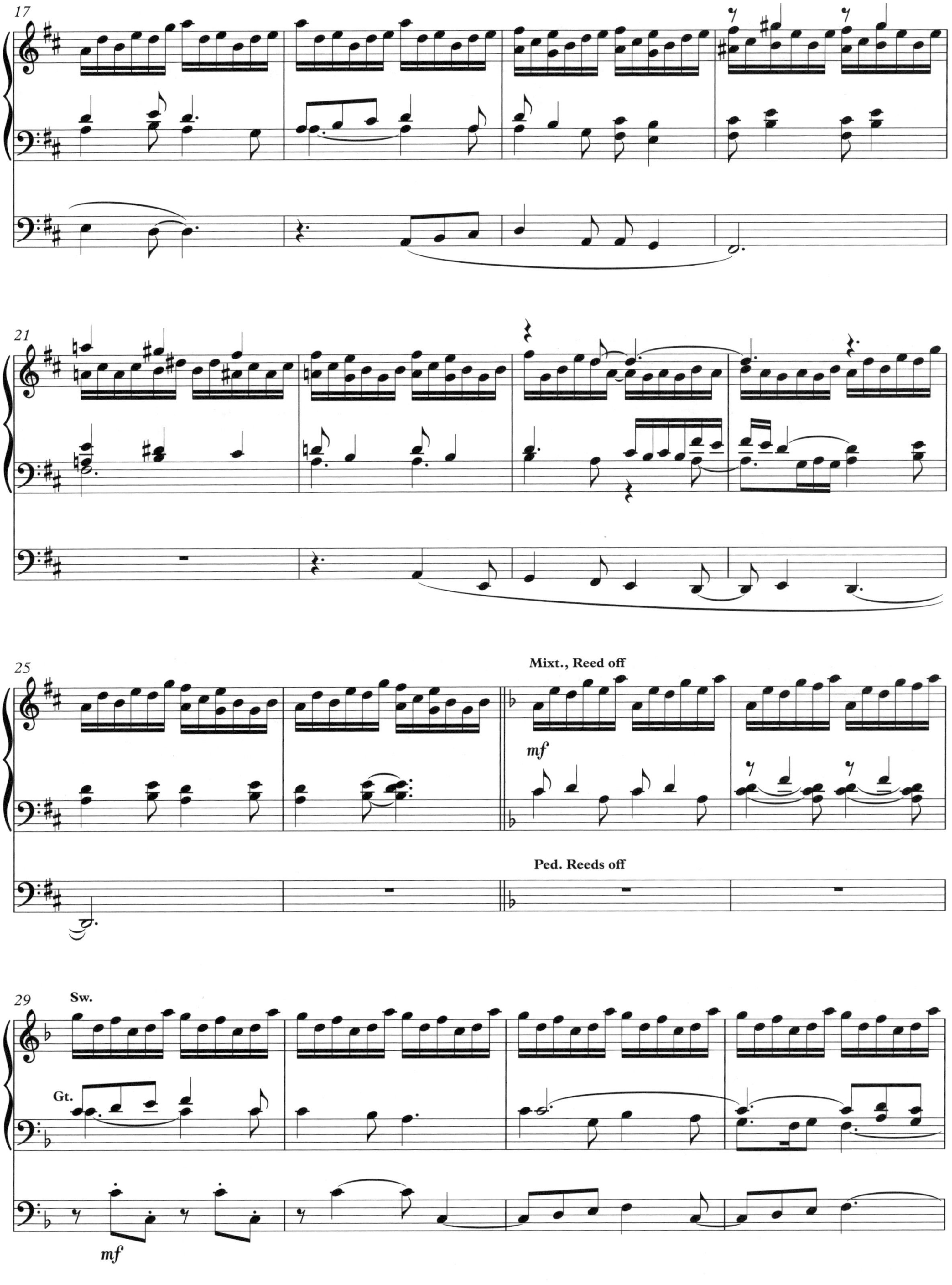
17
21
25
Mixt., Reed off
mf
Ped. Reeds off
29
Sw.
Gt.
mf

*Wie schön leuchtet der Morgenstern: later form of a melody by Philipp Nicolai (1556–1608); here and right hand, bar/
measure 48. Each entry is marked with an asterisk.

48
51
+ Reeds, Mixt.
poco rit.
54
ff
+ Ped. Reeds
a tempo
molto rit.
57
sfz
Full Organ
sfz

Bristol

Aria

I: solo 8' soft Reed
II Sw.: Flute 8'
Ped.: Flute 16', II to Ped.

MALCOLM ARCHER
(b. 1952)

Larghetto ♩ = 63

Bristol: from Thomas Ravenscroft's *Psalmes* (1621)

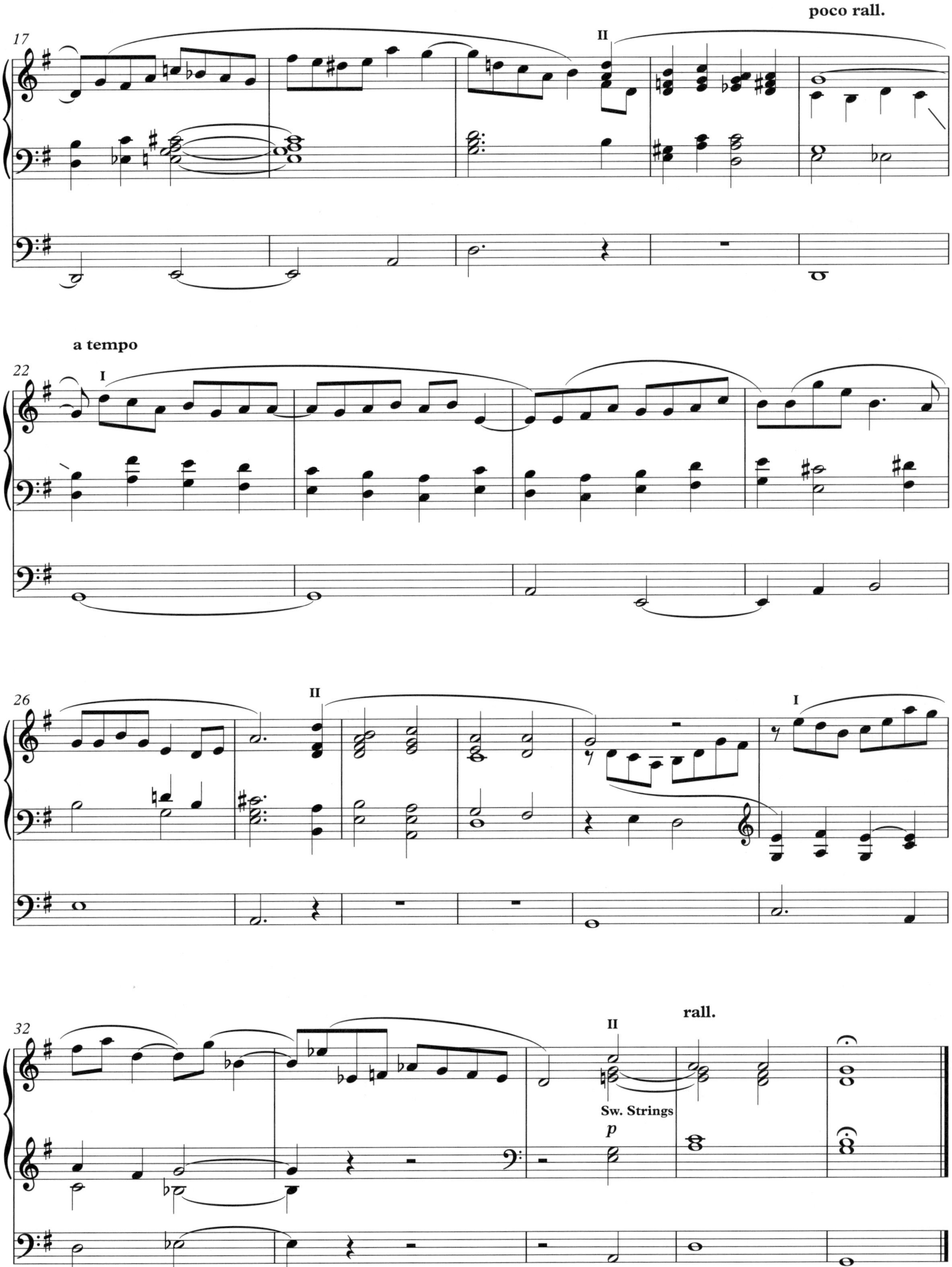
poco rall.
17
II
a tempo
22
I
26
II
I
32
rall.
II
Sw. Strings
p

Carol

Meditation

Sw.: soft Found. 8'
Ch.: Oboe or Clarinet 8'
Ped.: solo Prin. 8'

CRAIG PHILLIPS
(b. 1961)

Carol: Richard Storrs Willis (1819–1900)

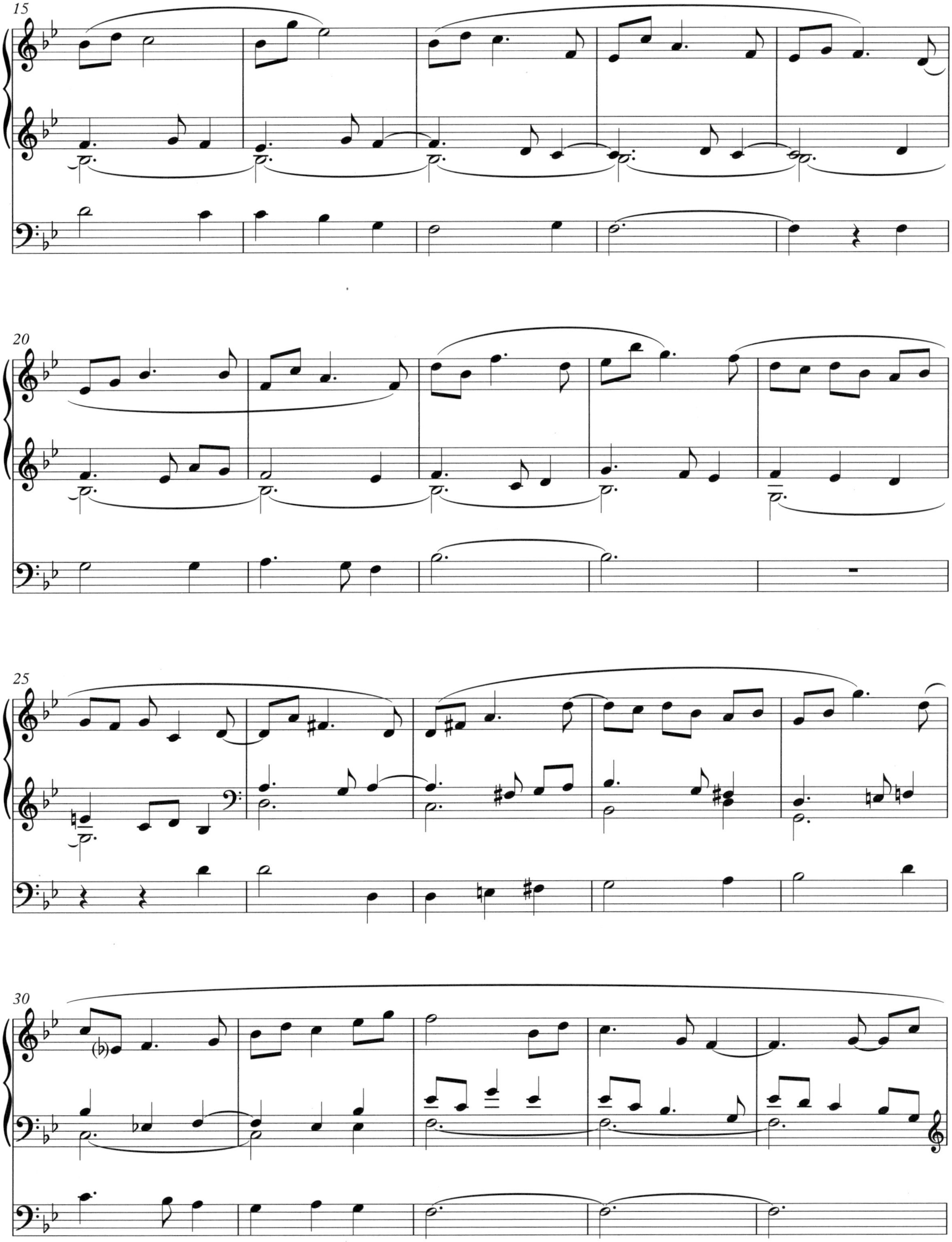
15
20
25
30
(♭)

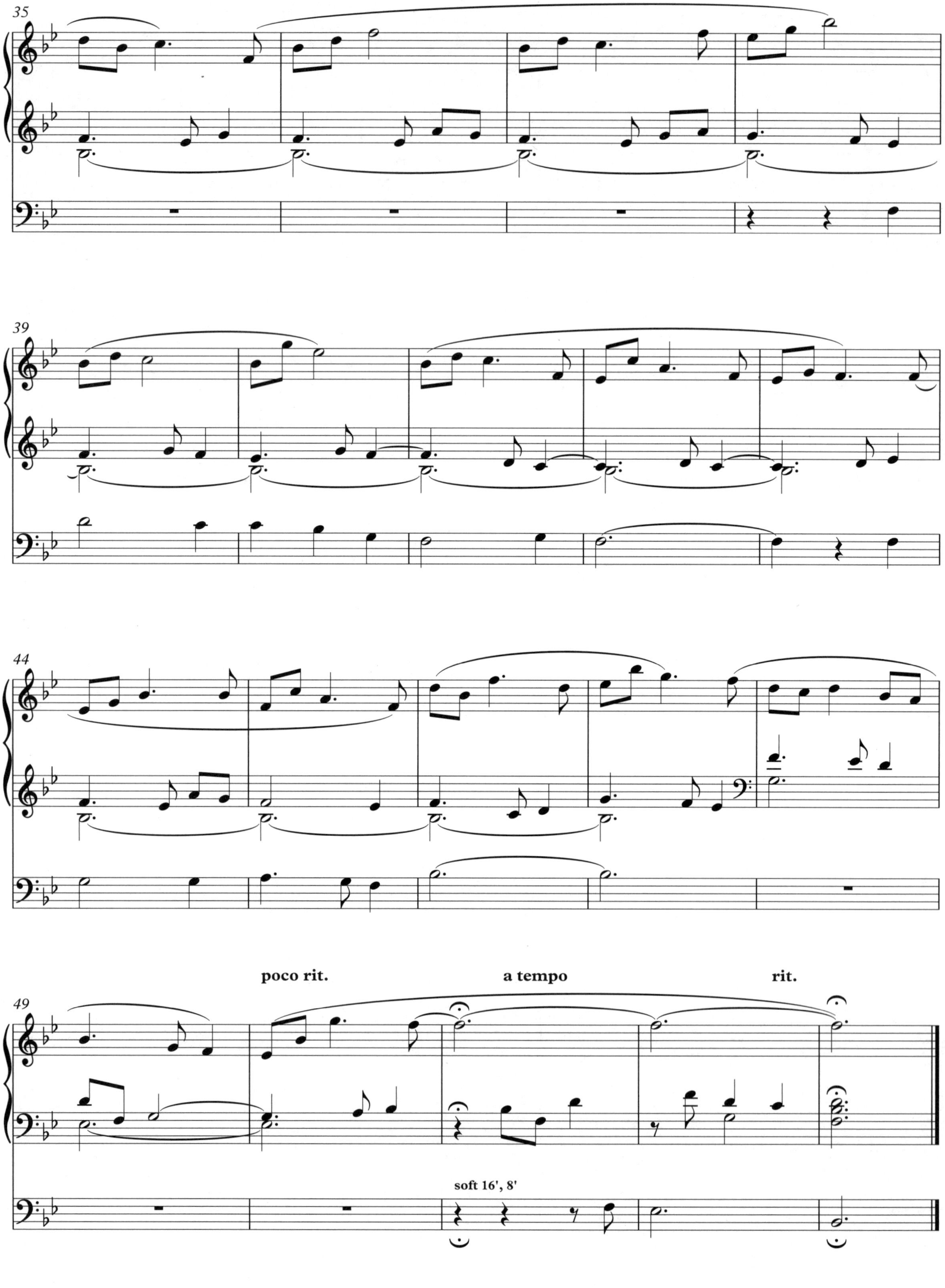
35
39
44
49
poco rit.
a tempo
rit.
soft 16', 8'

Cradle Song

Lullaby

MALCOLM ARCHER
(b. 1952)

Sw.: Flute 8', (4')
Gt.: Prin. 8'
Ped.: soft 16', Sw. to Ped.

Gently rocking ♩ = 66

Cradle Song: William J. Kirkpatrick (1838–1921)

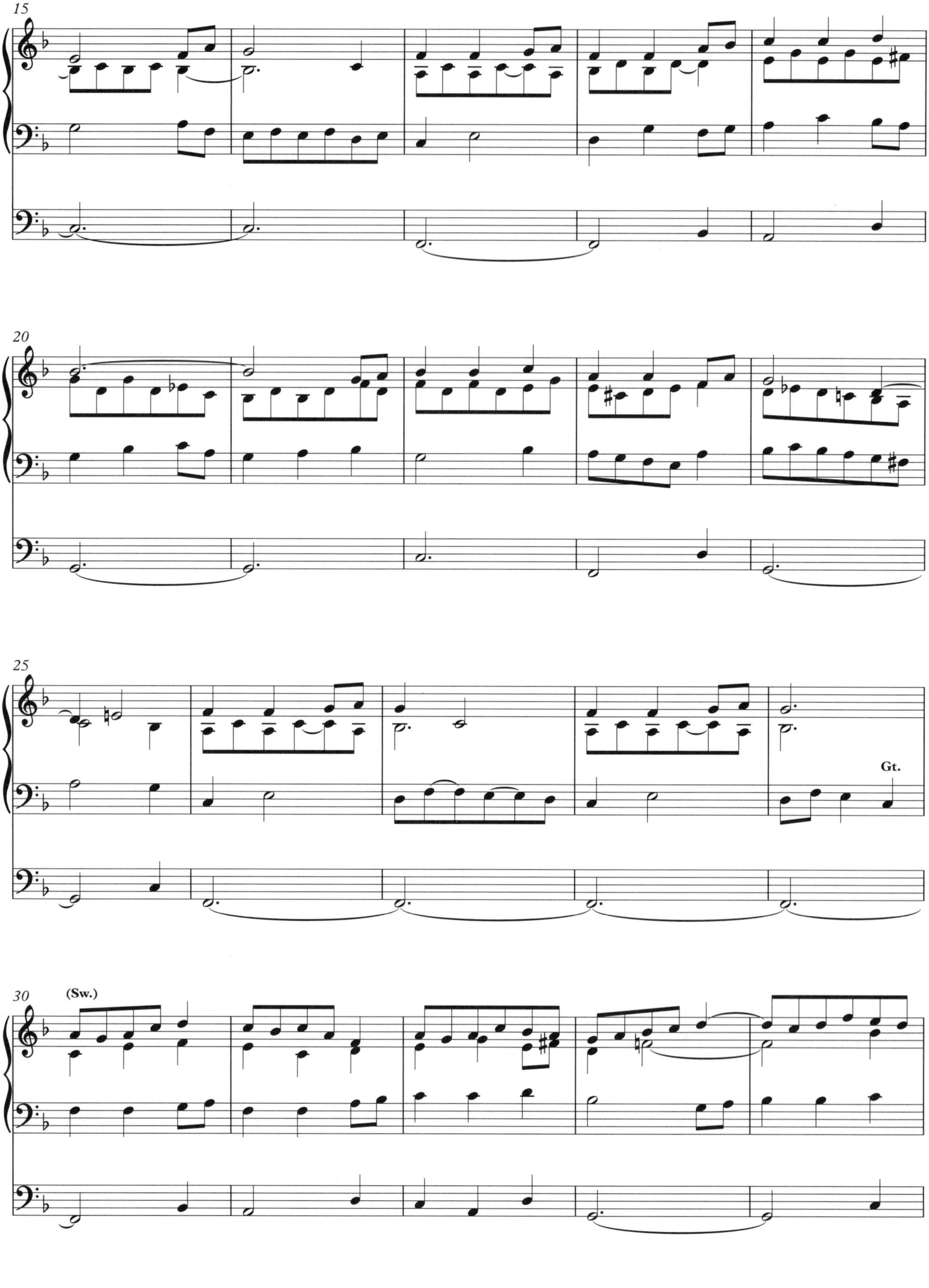
15
20
25
Gt.
30
(Sw.)

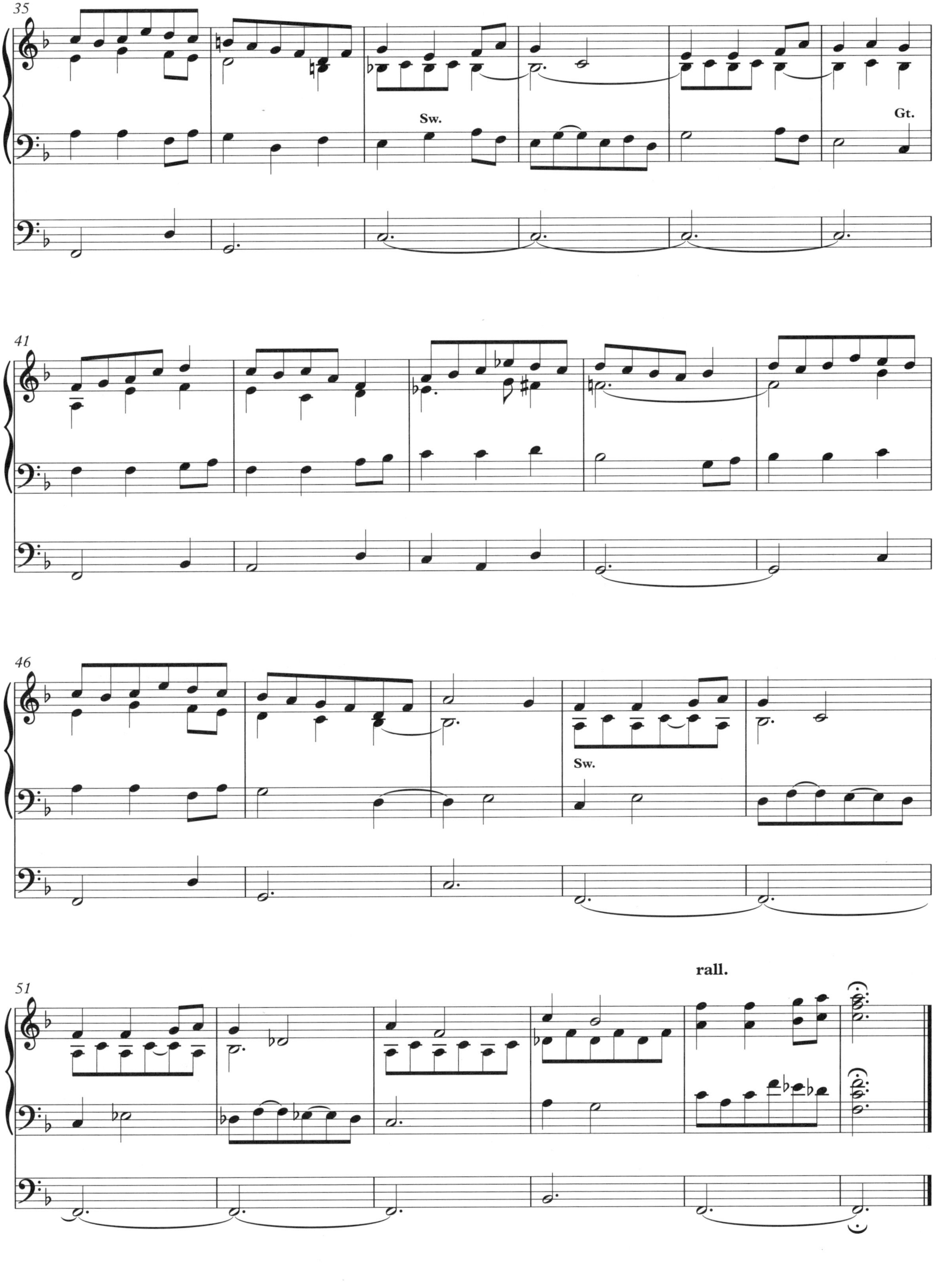
35
Sw.
Gt.
41
46
Sw.
rall.
51

for Vera Louise

Conditor alme siderum

Meditation

Sw.: Flute 8'
Gt.: Flute 8' (Trem.)
Ped.: soft 8', Sw. to Ped.

REBECCA GROOM TE VELDE
(b. 1956)

Conditor alme siderum: 9th-century Sarum plainsong, Mode IV

11
Gt.
mp
legato
(Gt.)
+ Bourdon 16', Octave 8'
mf legato
13
16
mf
Sw.
- Octave 8', + Bourdon 8'
rit.
Sw. Str. Celeste 8'
19
p
pp
- Bourdon 8'
light 16', Sw. to Ped.
pp

Cranham

Cantilena

I: soft Reed
II Sw.: Flute 8', 4'
Ped.: soft 16', 8'

SIMON LOLE
(b. 1957)

Cranham: Gustav Holst (1874–1934)

16
(II)
p
I
mf
I
mf
II
p
8' only
p
20
II
p
I
mf
I
mf
II
p
poco rit.
24
pp
a tempo
II
mp
I
mf
p
+ 16'
D.𝄋 al Coda
CODA
27
(II)
p
I
mp
pp
II
8' only
16', 8'
ppp

to K. T. P., with love

Cross of Jesus

Prelude

Sw.: soft 8', 4'
Gt.: soft Prin. 8', Sw. to Gt.
Ped.: soft 16', 8', Sw. to Ped.

ASHLEY GROTE
(b. 1982)

Cross of Jesus: John Stainer (1840–1901) from *The Crucifixion* (1887)

© Oxford University Press 2014. Photocopying this copyright material is ILLEGAL.

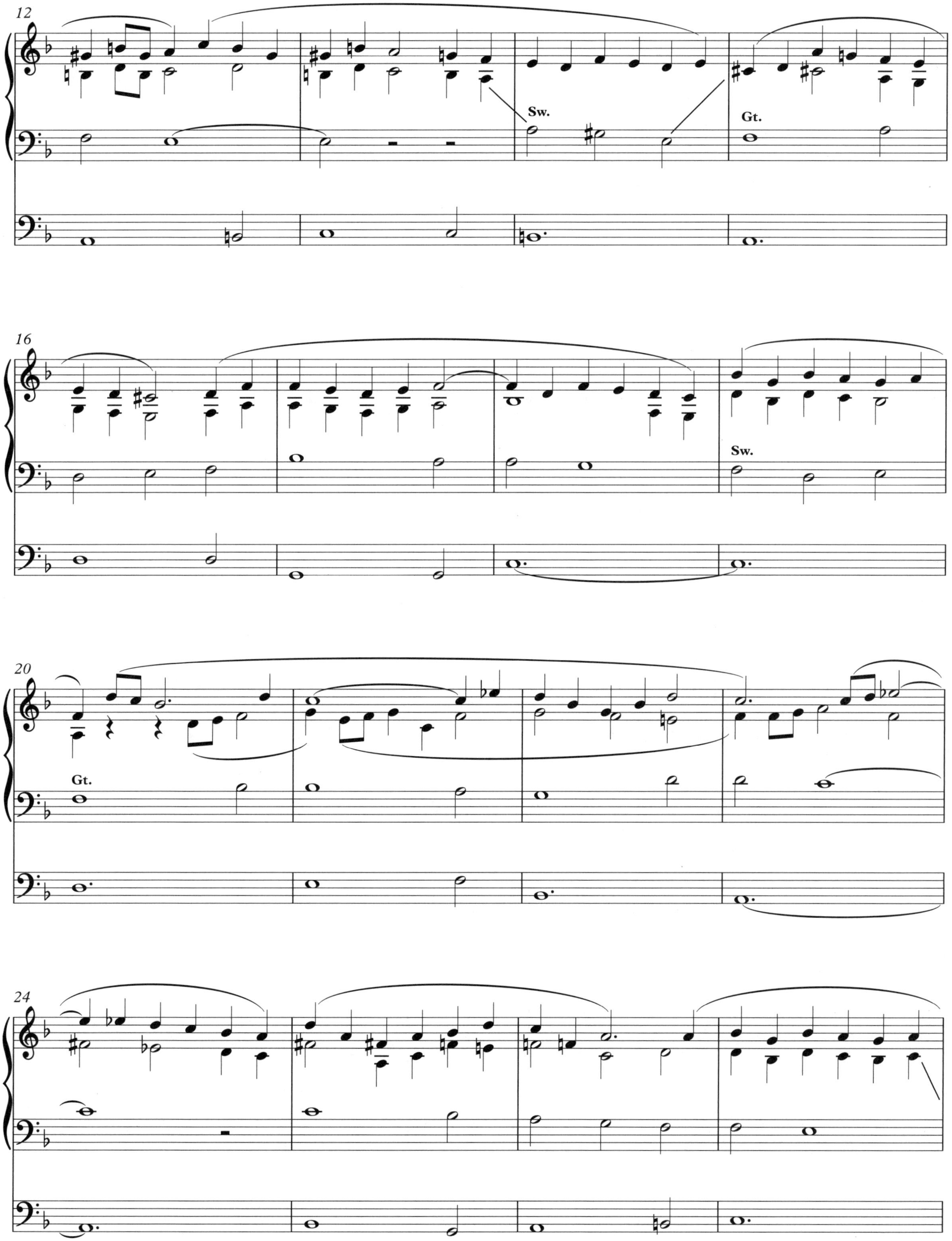
12
Sw.
Gt.
16
Sw.
20
Gt.
24

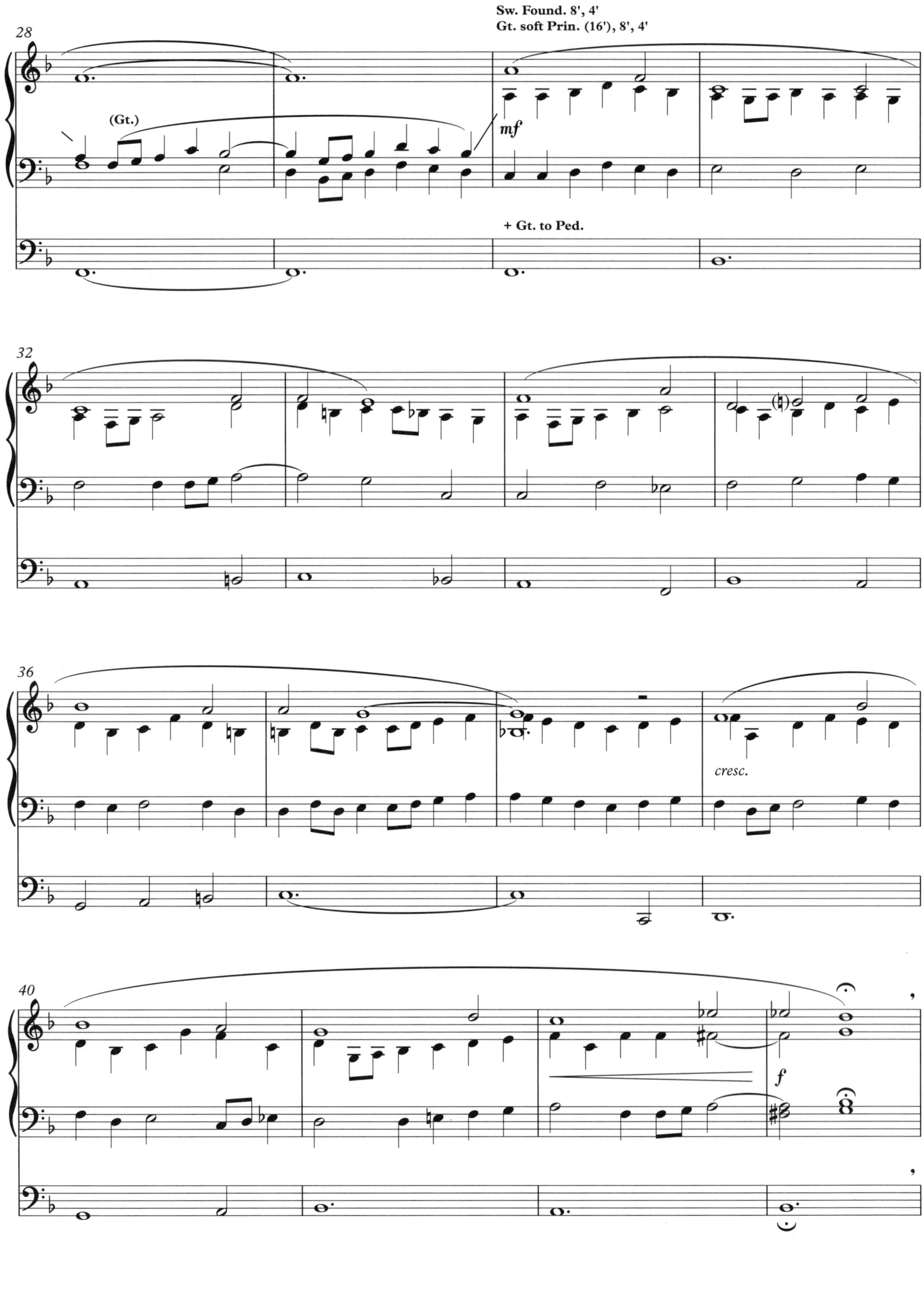
Sw. Found. 8', 4'
Gt. soft Prin. (16'), 8', 4'
(Gt.)
mf
+ Gt. to Ped.
cresc.
f

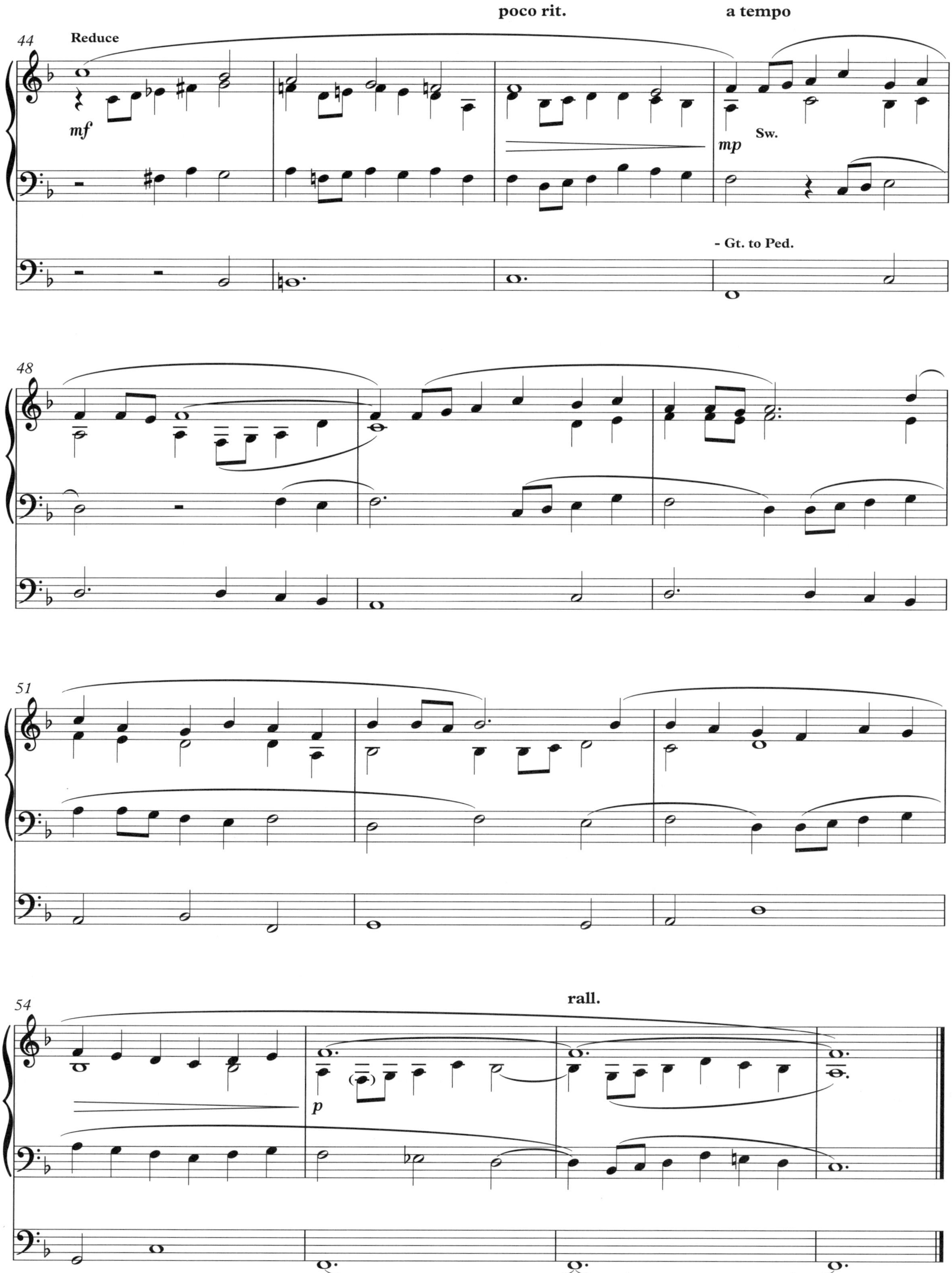
poco rit.
a tempo
44
Reduce
mf
mp
Sw.
- Gt. to Ped.
48
51
54
rall.
p

Divinum mysterium / Corde natus

Reflection

Sw.: Flute 8'
Gt.: soft Prin. 8', Flute 4'
Ped.: Flute 16', Sw. to Ped.

DAVID BLACKWELL
(b. 1961)

Divinum mysterium/Corde natus: later form of a plainsong melody as given in *Piae Cantiones* (1582)

20
24
rall.
29
L'istesso tempo (♩ = 60)
Gt. mf
+ Gt. to Ped.
31
molto rall.
(Add)
cresc.

a tempo (♩ = 60, ♪ = 120)
33
f
mf
2
37
poco rit.
a tempo
mp
p
Sw. Strings
- Gt. to Ped.
42
poco cresc.
mp
46
dim.
Slower
p
pp

for my husband, Mark Bowersox, with love

Es ist ein' Ros' entsprungen

Prelude

I: **Harmonic Flute 8'**
II: **soft Found. 8', Celestes**
Ped.: **Flute 16', 8', II to Ped.**

MARY BETH BENNETT
(b. 1954)

Lento mysterioso ♩ = 90 (♩ constant throughout)

Es ist ein' Ros' entsprungen: German traditional carol melody poco più mosso ♩ = 112

I Harmonic Flute + Flutes 8', 4' + II to I

* I Flute 8'

29
33
rit.
a tempo (♩ = 112)
I mf
+ I to Ped.
37
poco a poco allargando
Tempo primo (♩ = 90)
- 4', - II to I
(I)
mp
II
p
- I to Ped.
42
rit.
pp
(+ soft 32')

Forest Green

Prelude

Sw.: Flute 8', (4') or soft Found. 8'
Ped.: Prin. 8', (4' if necessary)

DAVID BEDNALL
(b. 1979)

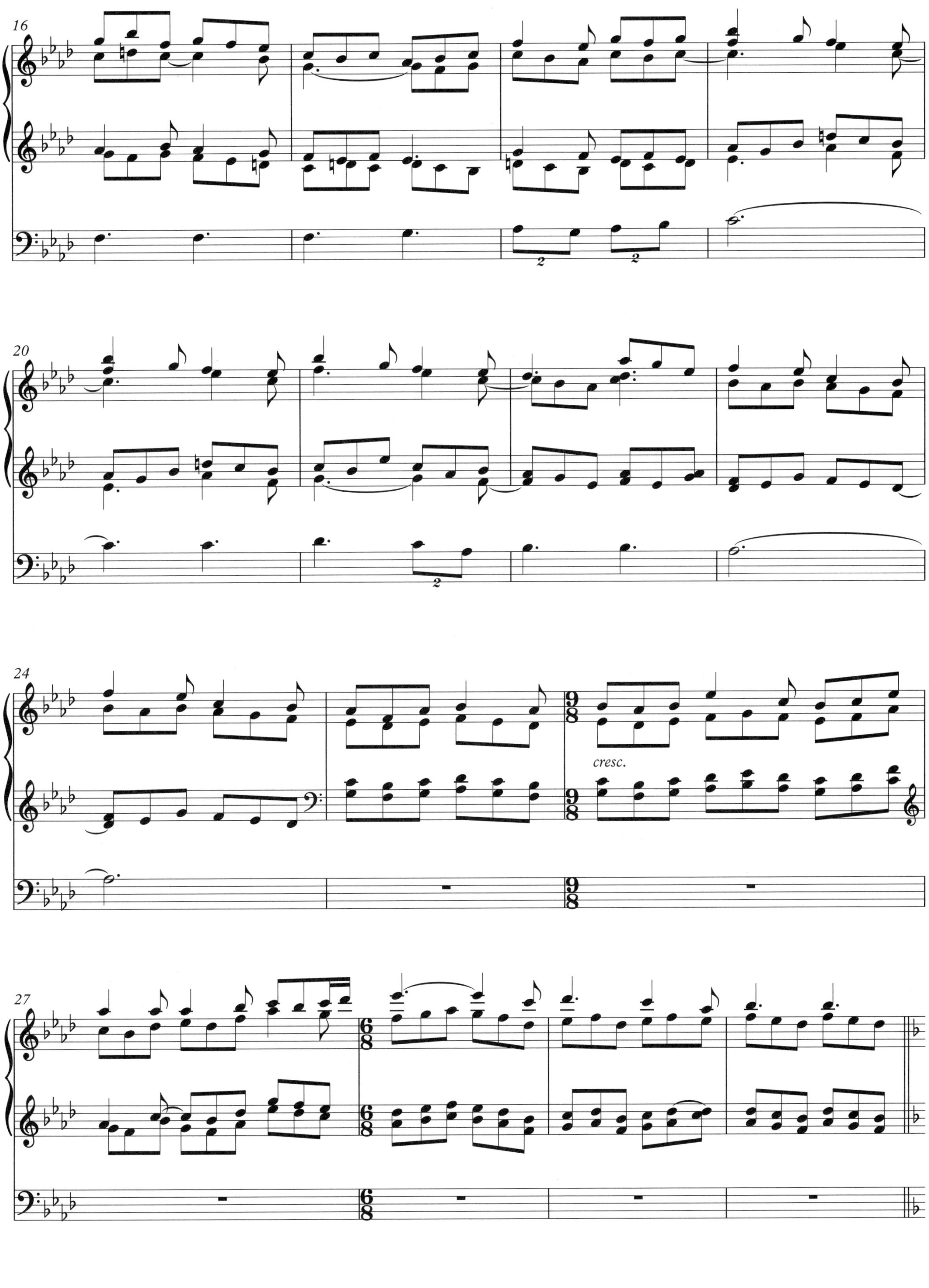
16
20
24
cresc.
27

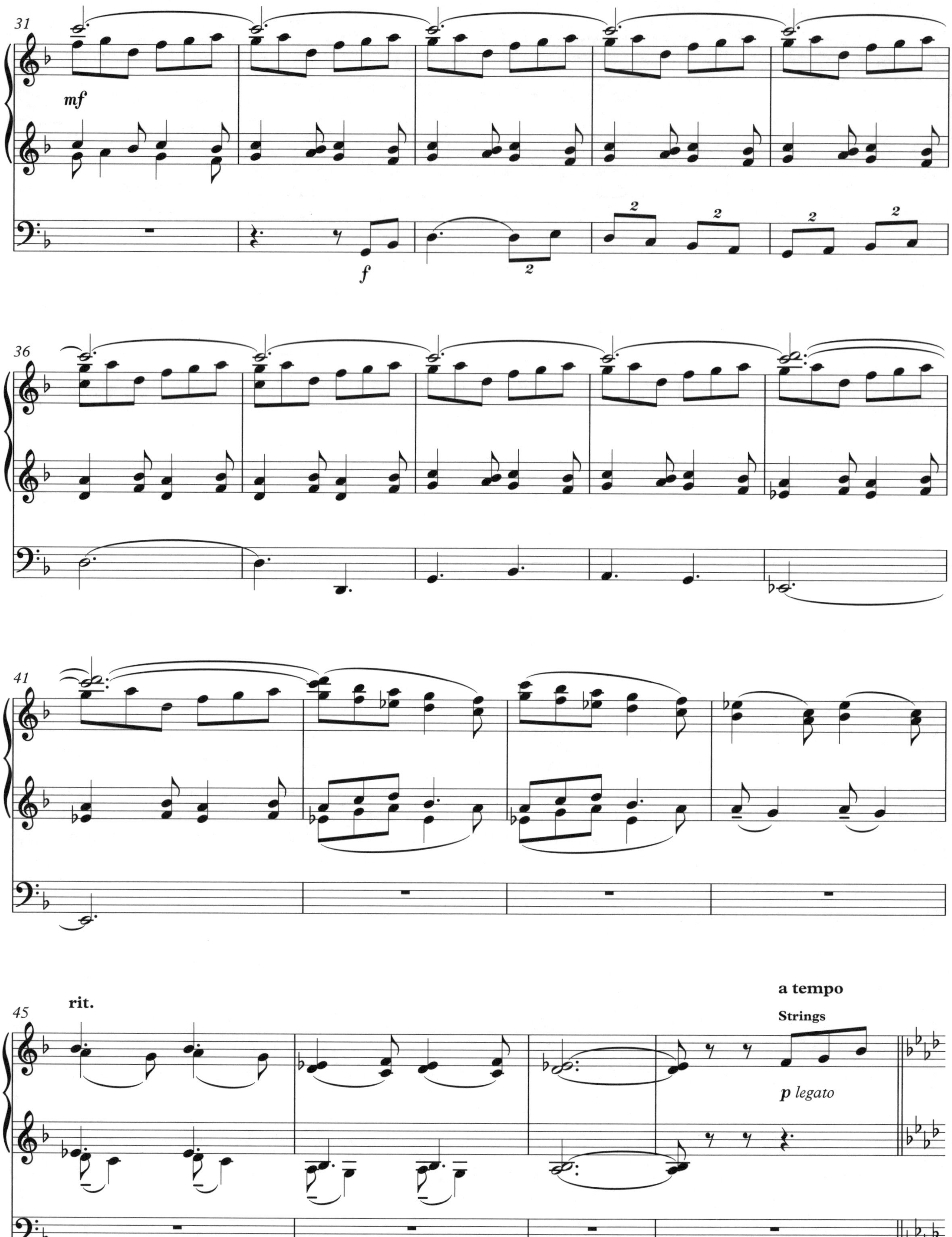
31
mf
f
2
2
2
2
2
36
41
45
rit.
a tempo
Strings
p legato

49
rit.
16', (32'), + Sw.
pp
54
Slower and very peaceful
pp
2
2
58
rit.
2
62
ppp

Gabriel's Message

Dance

I: Oboe 8'
II: Flute 8', 2'
Ped.: soft 16', 8'

MICHAEL BEDFORD
(b. 1949)

Gabriel's Message: Basque traditional carol melody

Registration may be varied on the repeat

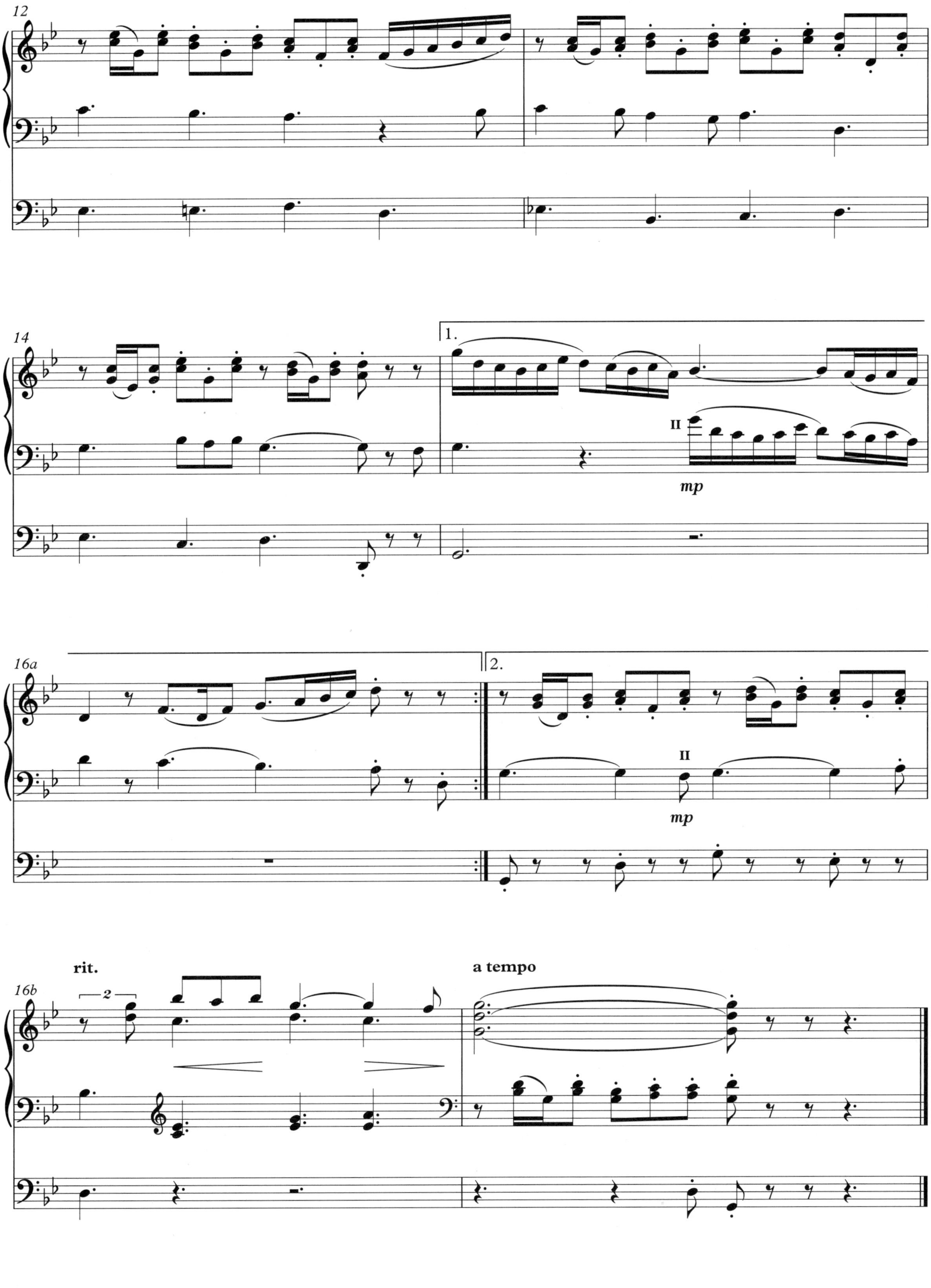
12
14
1.
II
mp
16a
2.
II
mp
rit.
a tempo
16b
2

Gloria / Iris

Declamation

I: Tpt. 8'
II: Found. 8', 4', 2'
Ped.: Found. 16', 8', 4'

MICHAEL BEDFORD
(b. 1949)

Gloria and Iris (Les anges dans nos campagnes): both variants of a French carol melody

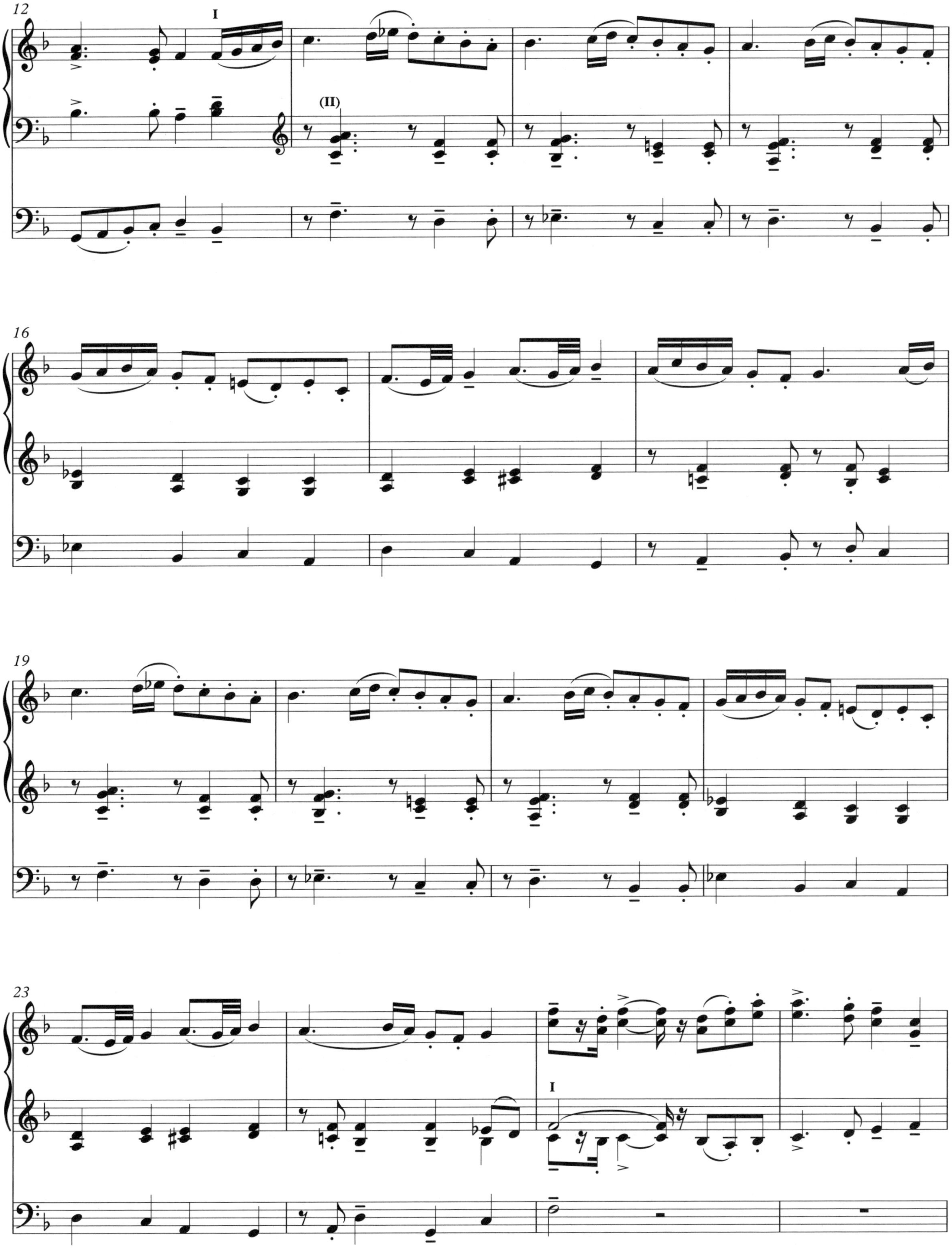
12
I
(II)
16
19
23
I

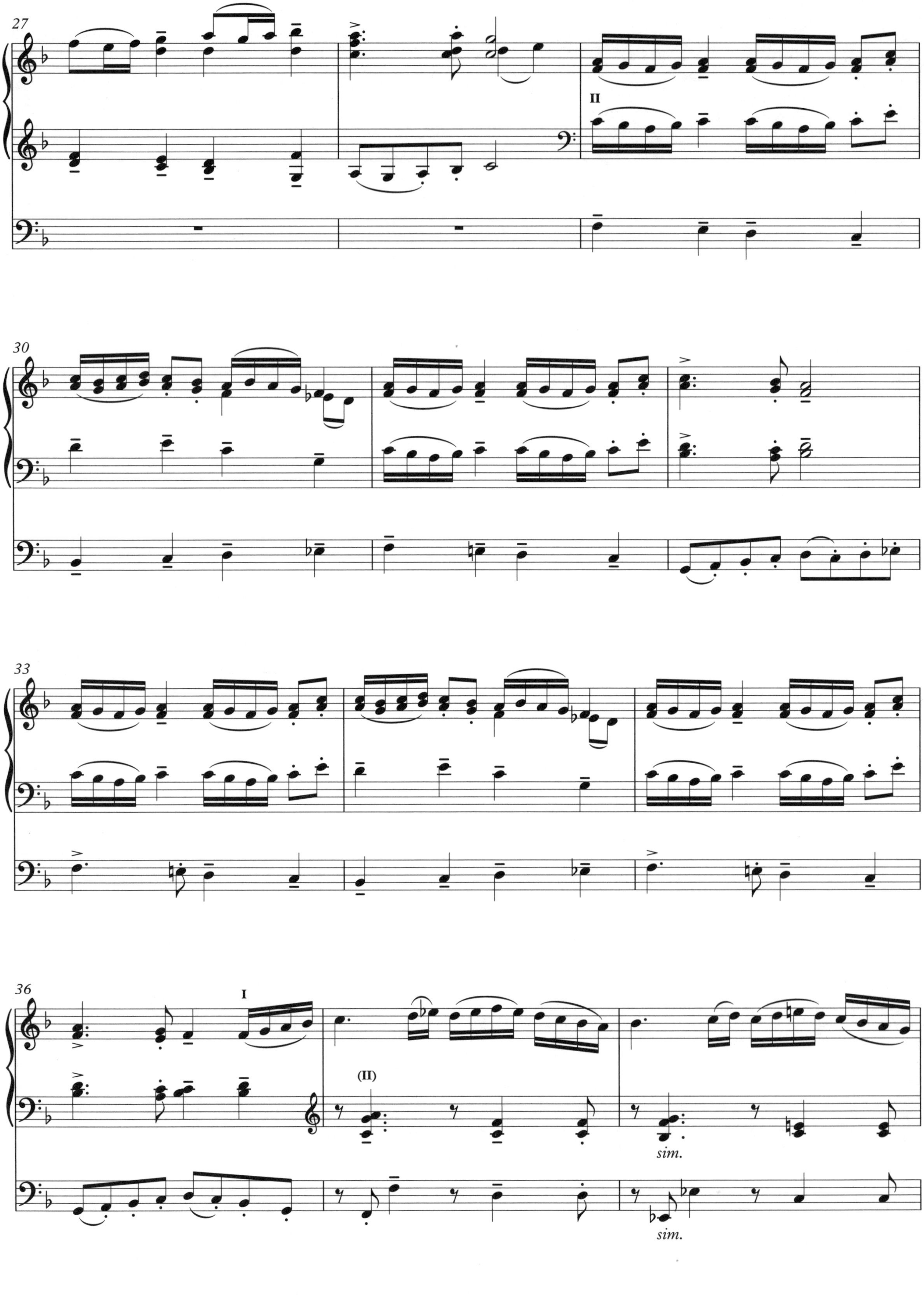
27
II
30
33
36
I
(II)
sim.
sim.

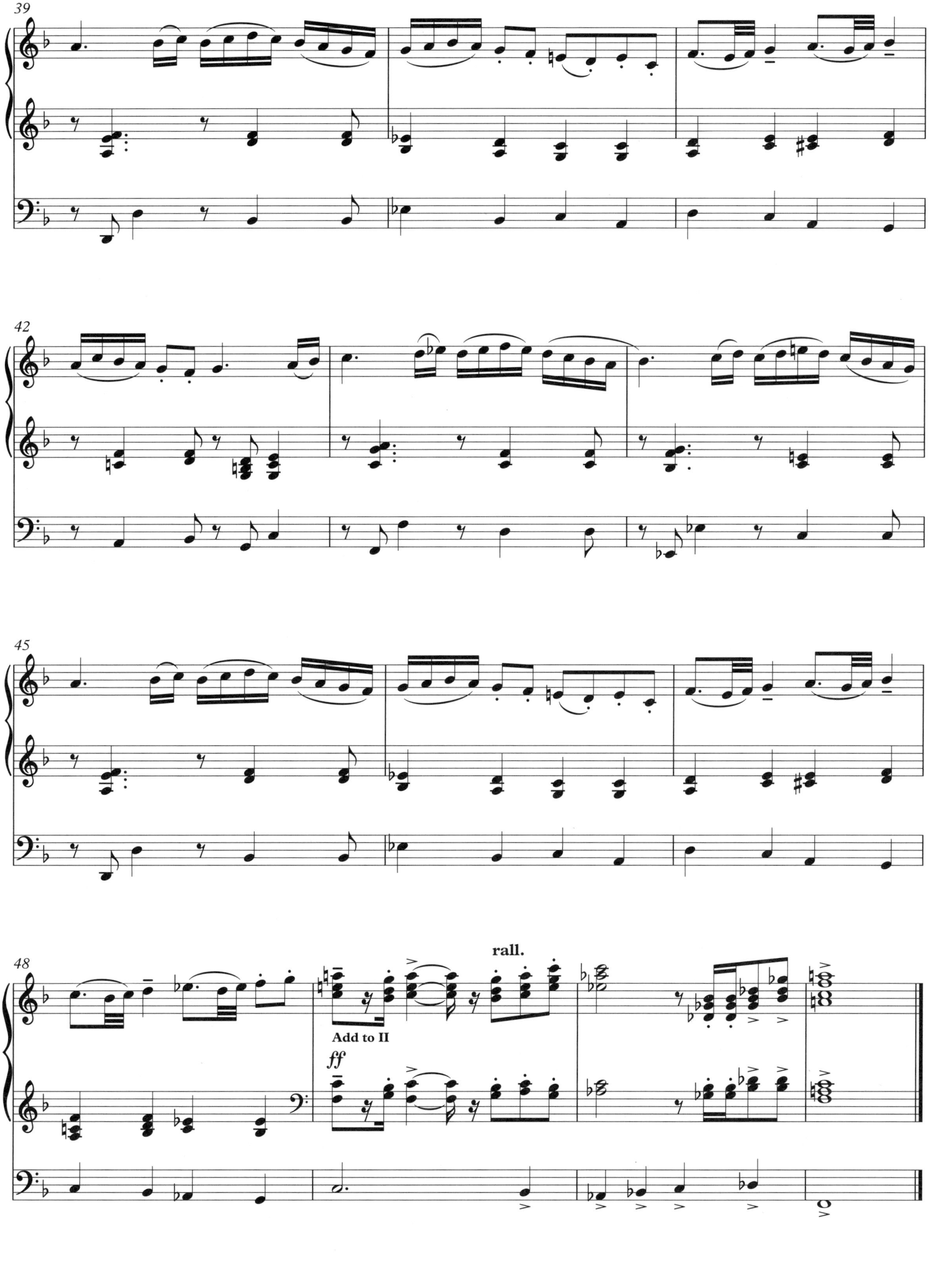
39
42
45
48
rall.
Add to II
ff

for D. B.

God rest you merry

Dance

I: Found. 8', 4', 2', II to I
II: Found. 8', 4', 2', Mixt., Reed 8'
Ped.: light Found. 16', 8', II to Ped.

REBECCA GROOM TE VELDE
(b. 1956)

God rest you merry: English traditional carol melody

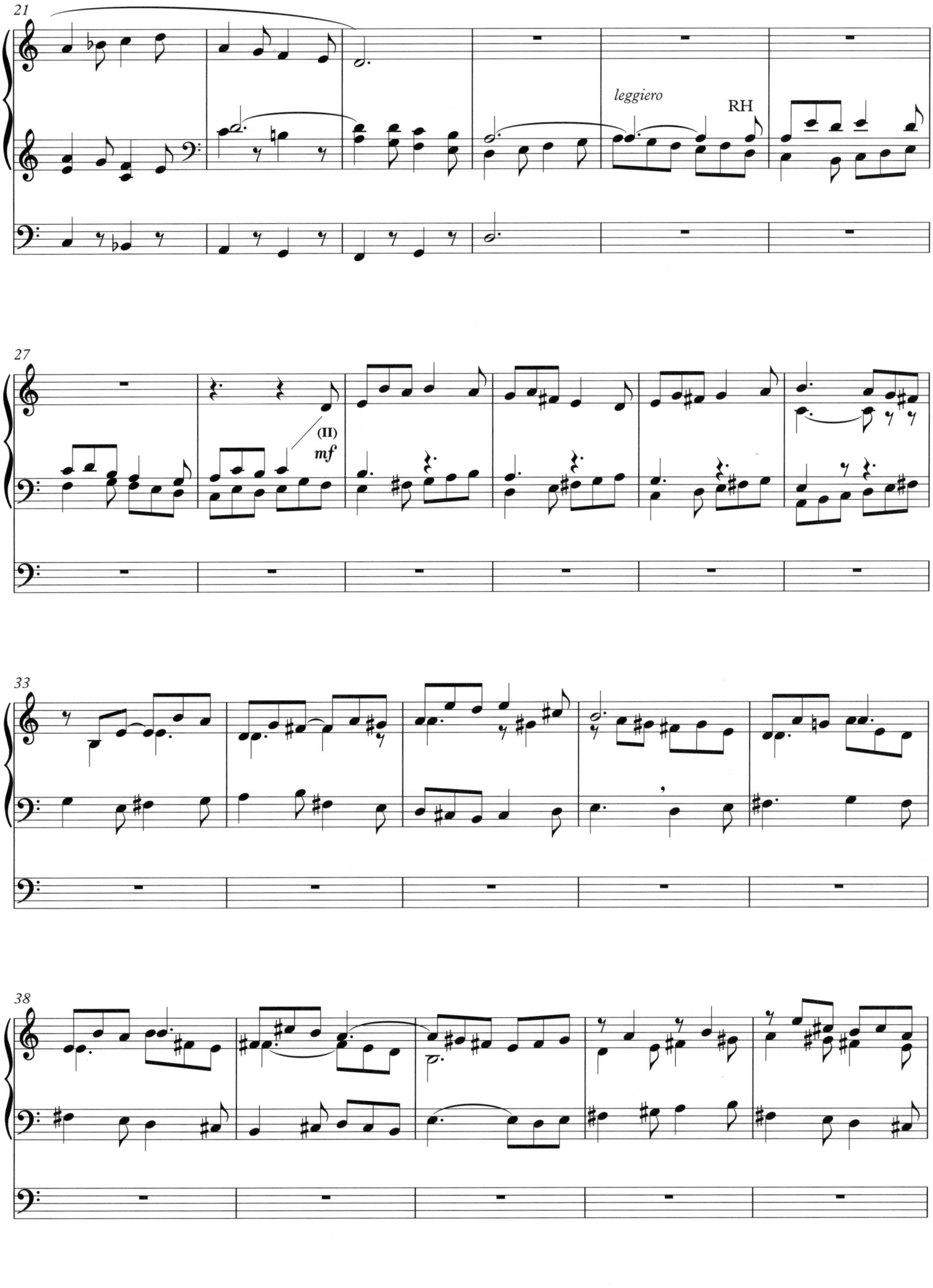
21
leggiero
RH
27
(II)
mf
33
38

43
I f
Add to Ped.
mf
49
55
(♪ = ♪)
poco meno mosso
♩ = 126
I + Mixt., II Full
Ped. Full 16', 8', 4' with Reeds, I and II to Ped.
ff
60
3

64
68
poco rit.
Con brio ♩. = 90
72
Tutti
sfz
sfz
sfz
rit.
Maestoso ♩. = 66
molto rit.
76

Helmsley

Postlude

Man. and Ped.: Tutti (all coupled)

JAMES VIVIAN
(b. 1974)

As fast as is comfortable (♩ = 80–92)

Helmsley: later form of a melody in John Wesley's *Select Hymns with Tunes Annext* (1765)

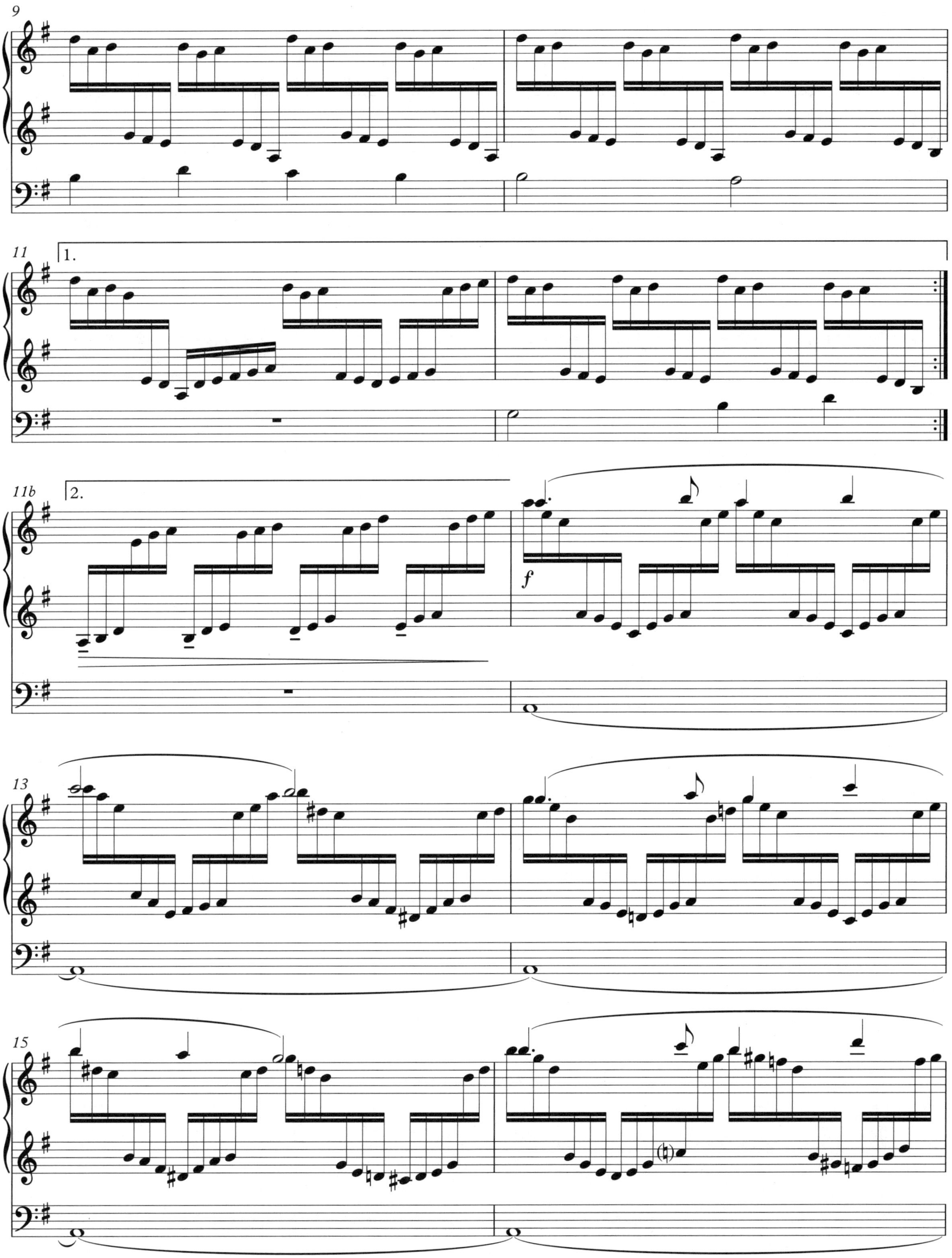
9
11
1.
11b
2.
f
13
15
(♮)

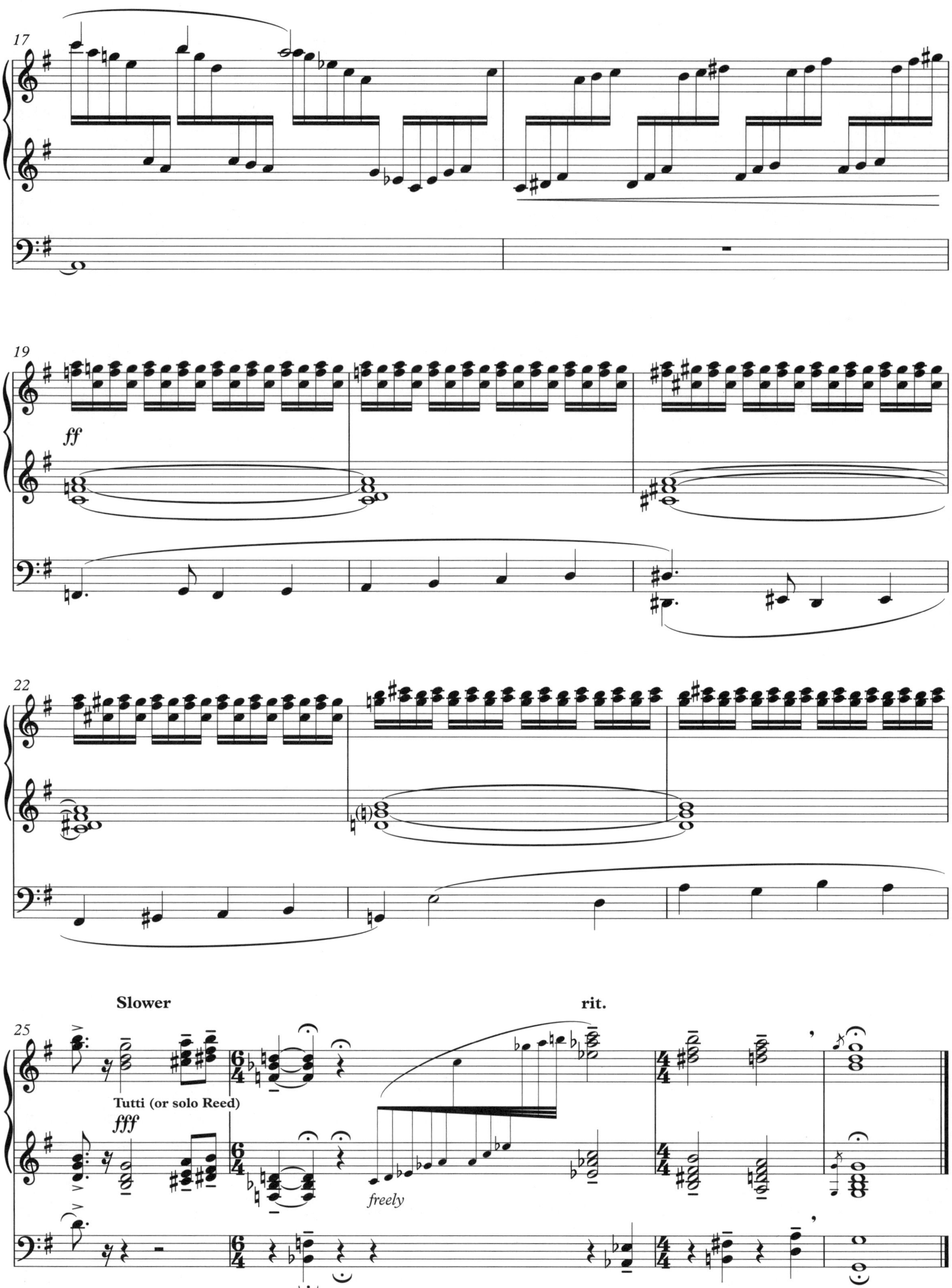
17
19
ff
22
25
Slower
rit.
Tutti (or solo Reed)
fff
freely

Go, tell it on the mountain

Gigue

Sw.: Flute 8', 2'
Gt.: Tpt. 8'
Ch.: Flute 8', 4', 2²/₃'
Ped.: Bourdon 16', Sw. to Ped.

A. D. MILLER
(b. 1972)

Go, tell it on the mountain: North American traditional spiritual

13
stacc. sempre
16
19
Sw. mp
sempre legato
stacc. sempre
22
25
2
marcato sempre

poco rit.
Slightly slower
28
Sw.:
String
Celeste
p molto legato
33
mf
39
Ch.
mf
(Sw.)
45
rit.

Tempo I
50
stacc. sempre
Sw. Flutes 8', 2'
mp
sempre legato
53
56
2
Gt.
mf
(Sw.)
sempre legato
59
stacc. sempre

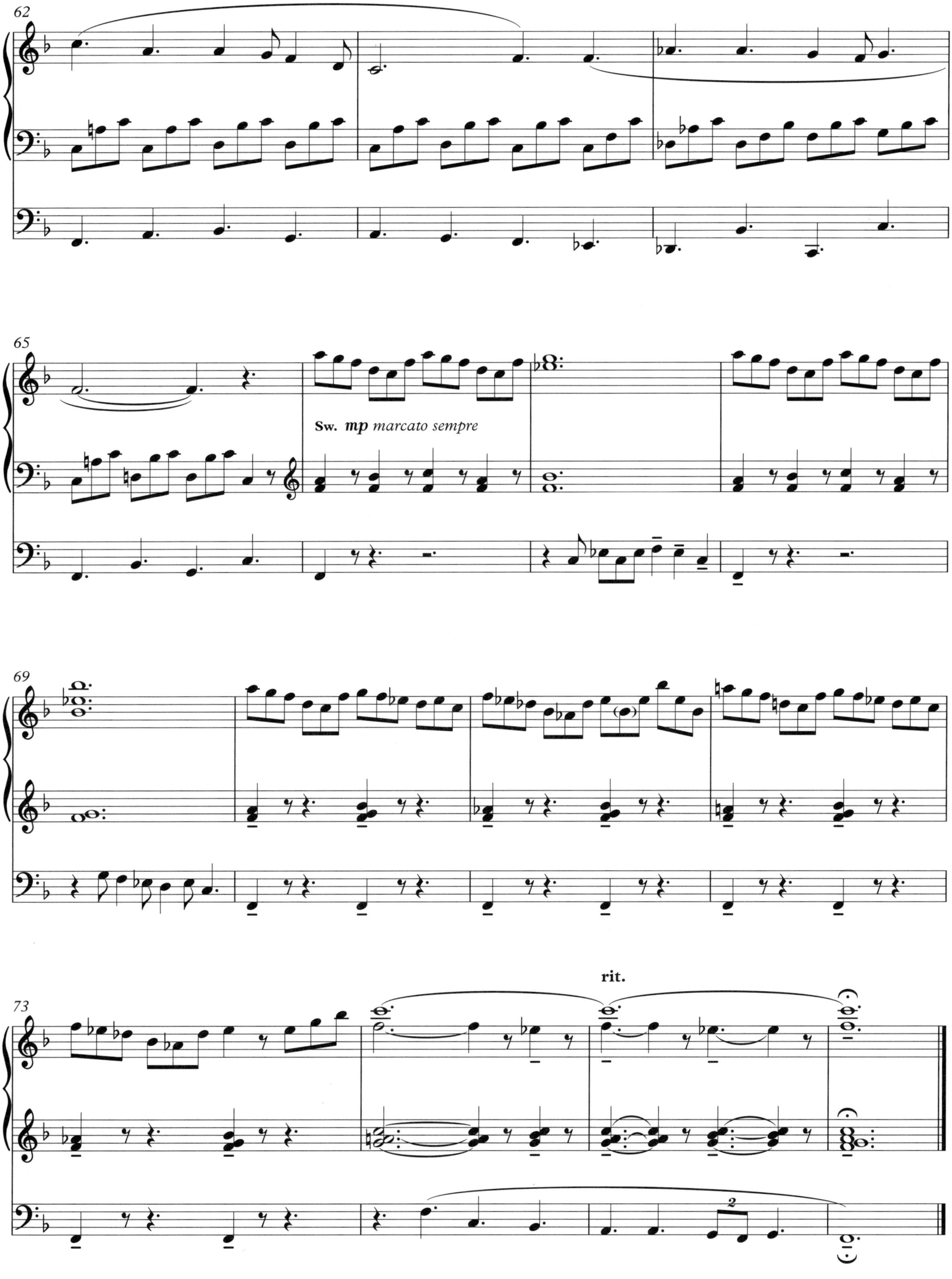
62
65
Sw. mp marcato sempre
69
73
rit.

Irby

Prelude

I Sw.: Flute 8', 4'
II Gt. or Ch.: soft 8', 4'
Ped.: soft 16', II to Ped.

PHILIP MOORE
(b. 1943)

Irby: Henry J. Gauntlett (1805–76)

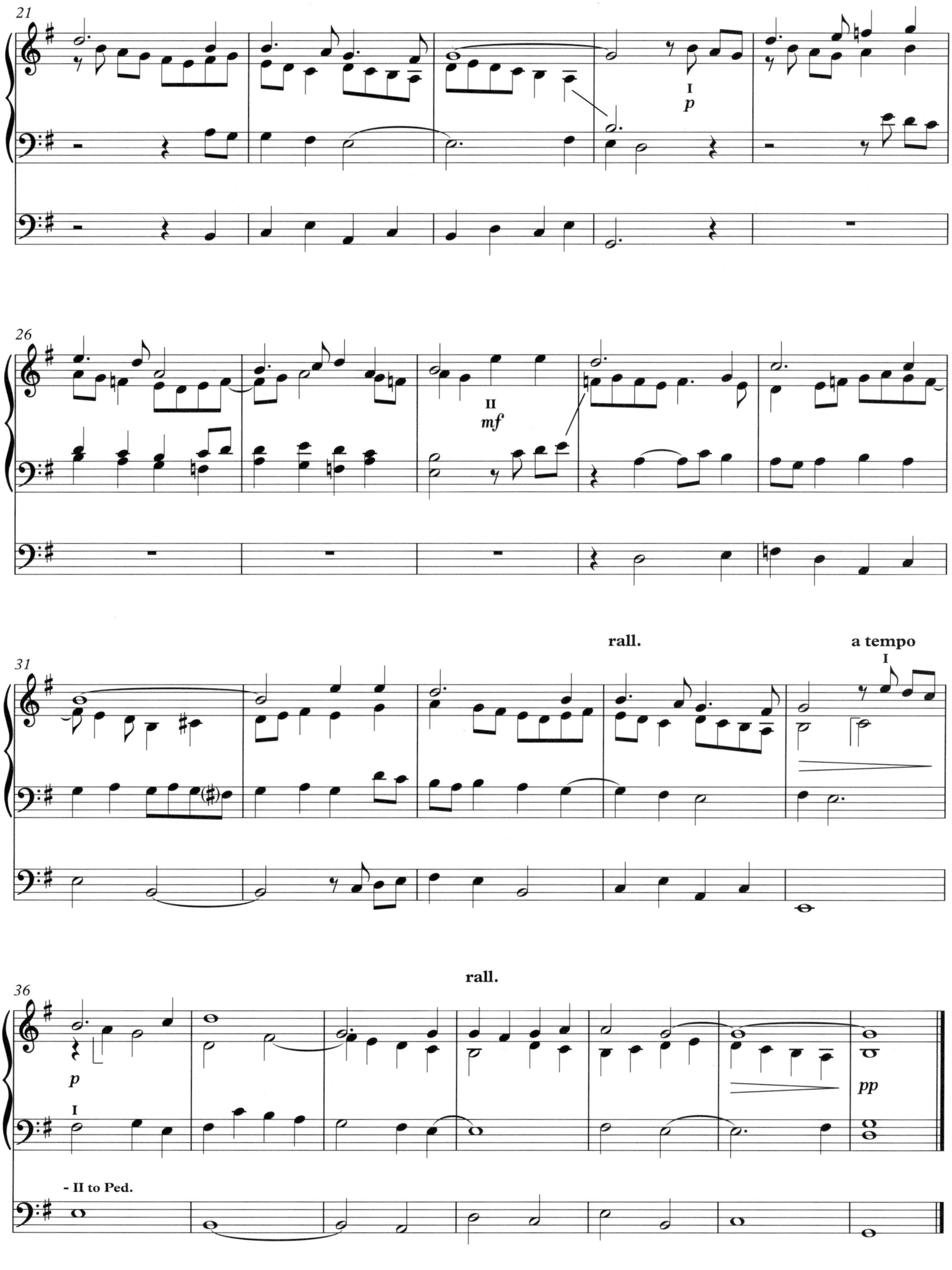
21
I
p
26
II
mf
31
rall.
a tempo
I
36
rall.
p
I
pp
- II to Ped.

In dulci jubilo

Partita

I: Prin. 8', 4'
(Ped.: Flute 16', Prin. 8')

JAMES VIVIAN
(b. 1974)

Theme

Variation 1

In dulci jubilo: German medieval carol melody

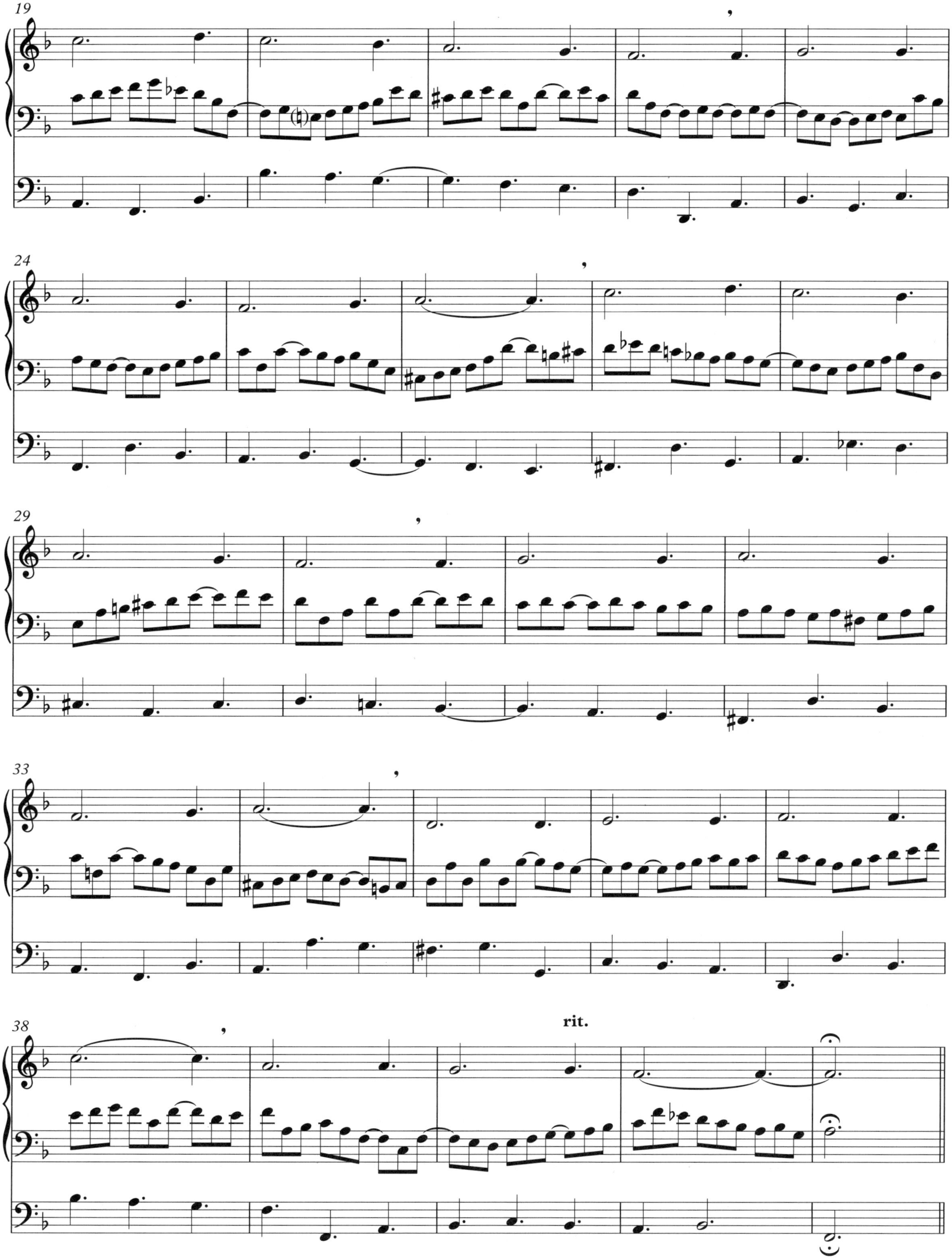
19
24
29
33
38
rit.

64

Variation 2

Toccata

I, II: 16' to Mixt. III: Tutti (box shut)
All manuals coupled
Ped.: (32'), 16', 8'

Moderato ma brillante*

*As fast as is comfortable (♩. = 100–144)

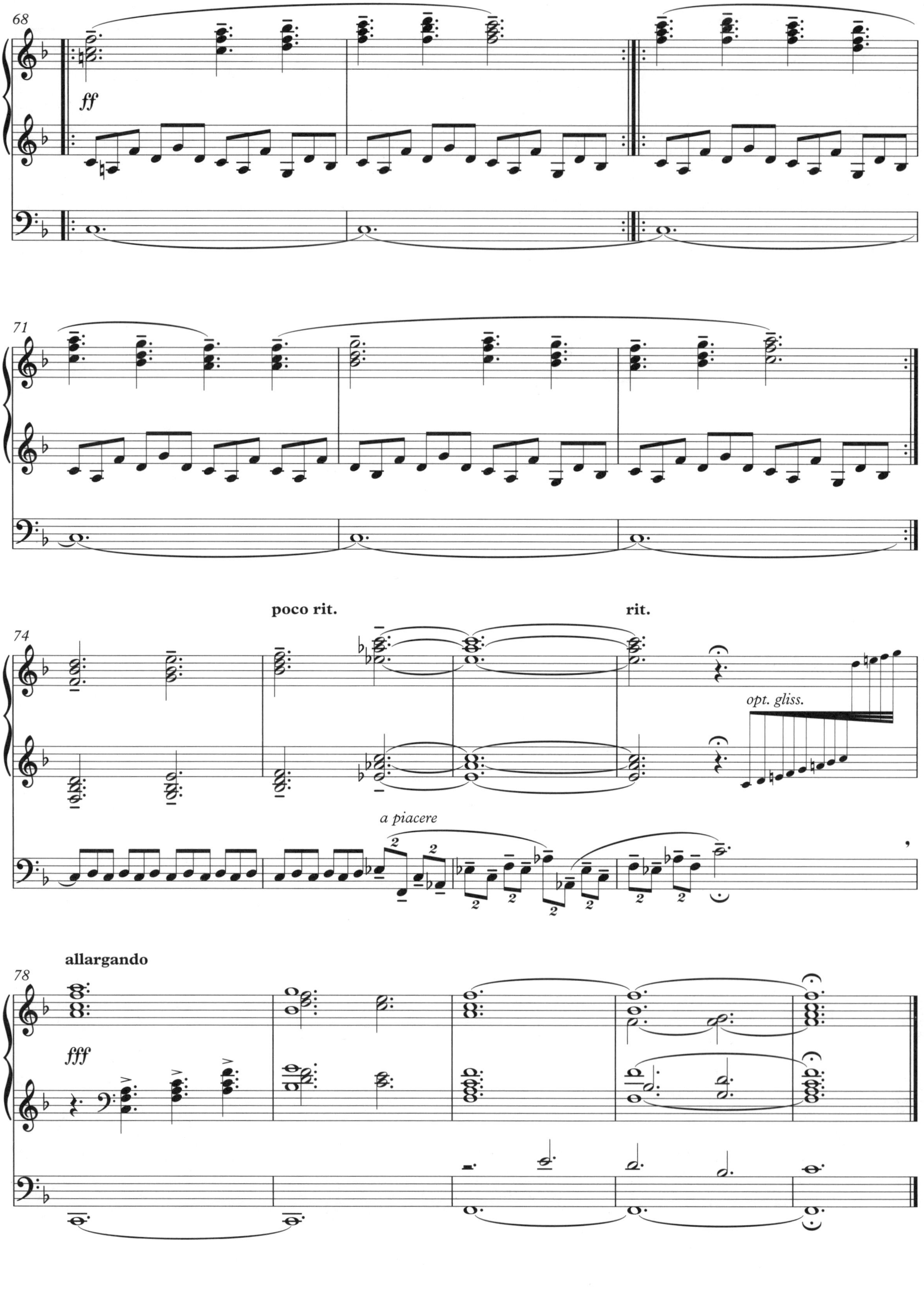
68
ff
71
poco rit.
rit.
74
a piacere
opt. gliss.
allargando
78
fff

Little Cornard

Postlude

Sw.: Prin. 8', 4', 2', Mixt.
Gt.: Prin. 8', 4'
Ch.: solo Reed 8' (optional)
Ped.: Prin. 16', Sw. to Ped.

ALAN BULLARD
(b. 1947)

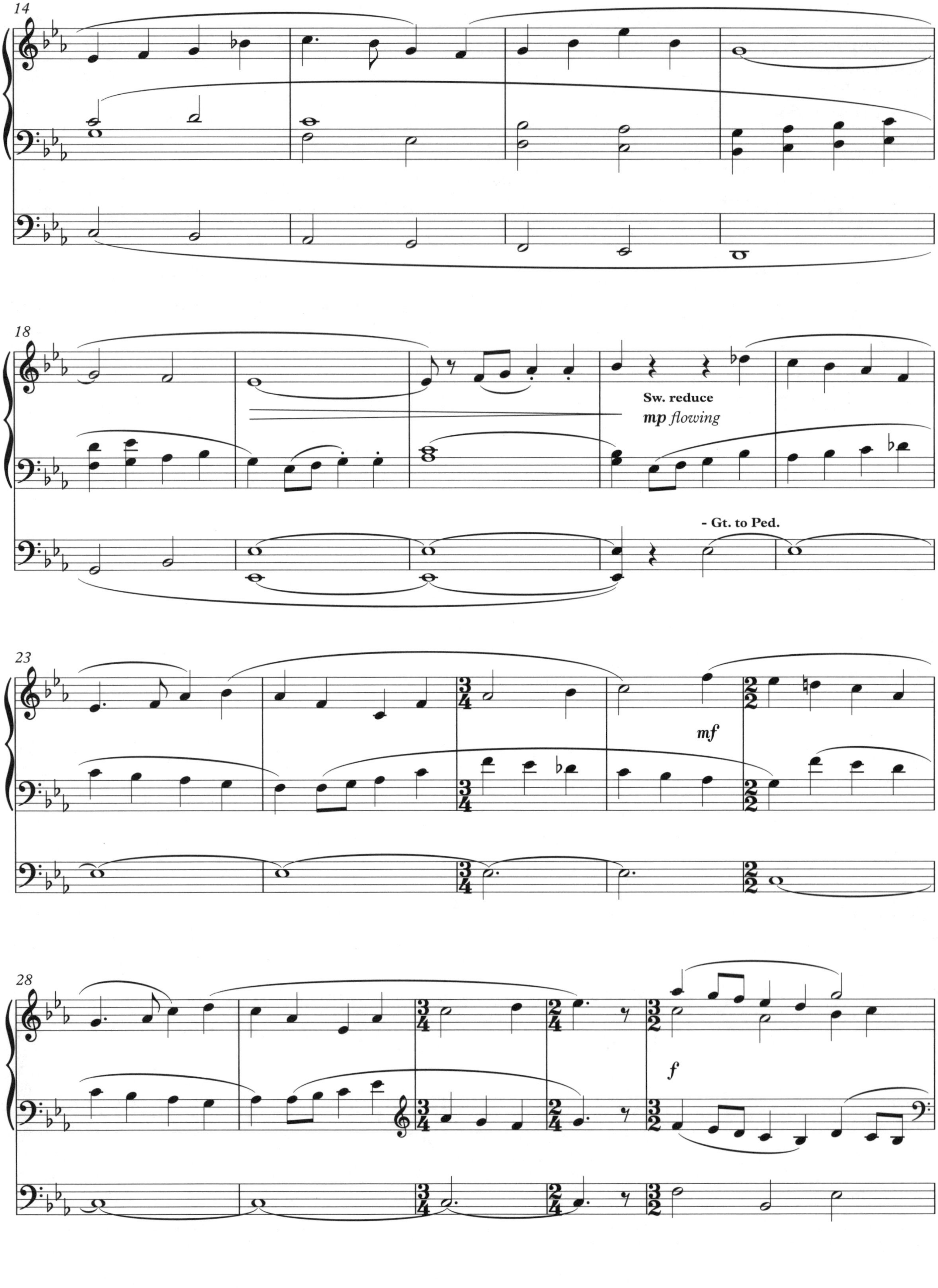
14
18
Sw. reduce
mp flowing
- Gt. to Ped.
23
mf
28
f

ritenuto
33
36
A little slower 𝅗𝅥 = c.60
Gt. ff marcato
+ Gt. to Ped.
40
poco allargando
44
solo Reed
Gt.
solo Reed
Gt.
Full fff

Mendelssohn

Cantilena

Sw.: Strings 8'
Gt.: Open Flute 8'
Ped.: Bourdon 16', Sw. to Ped.

JAMES BIERY
(b. 1956)

Mendelssohn: from a chorus in *Festgesang* (1840) by Felix Mendelssohn (1809–47), adapted 1855 by W. H. Cummings (1831–1915)

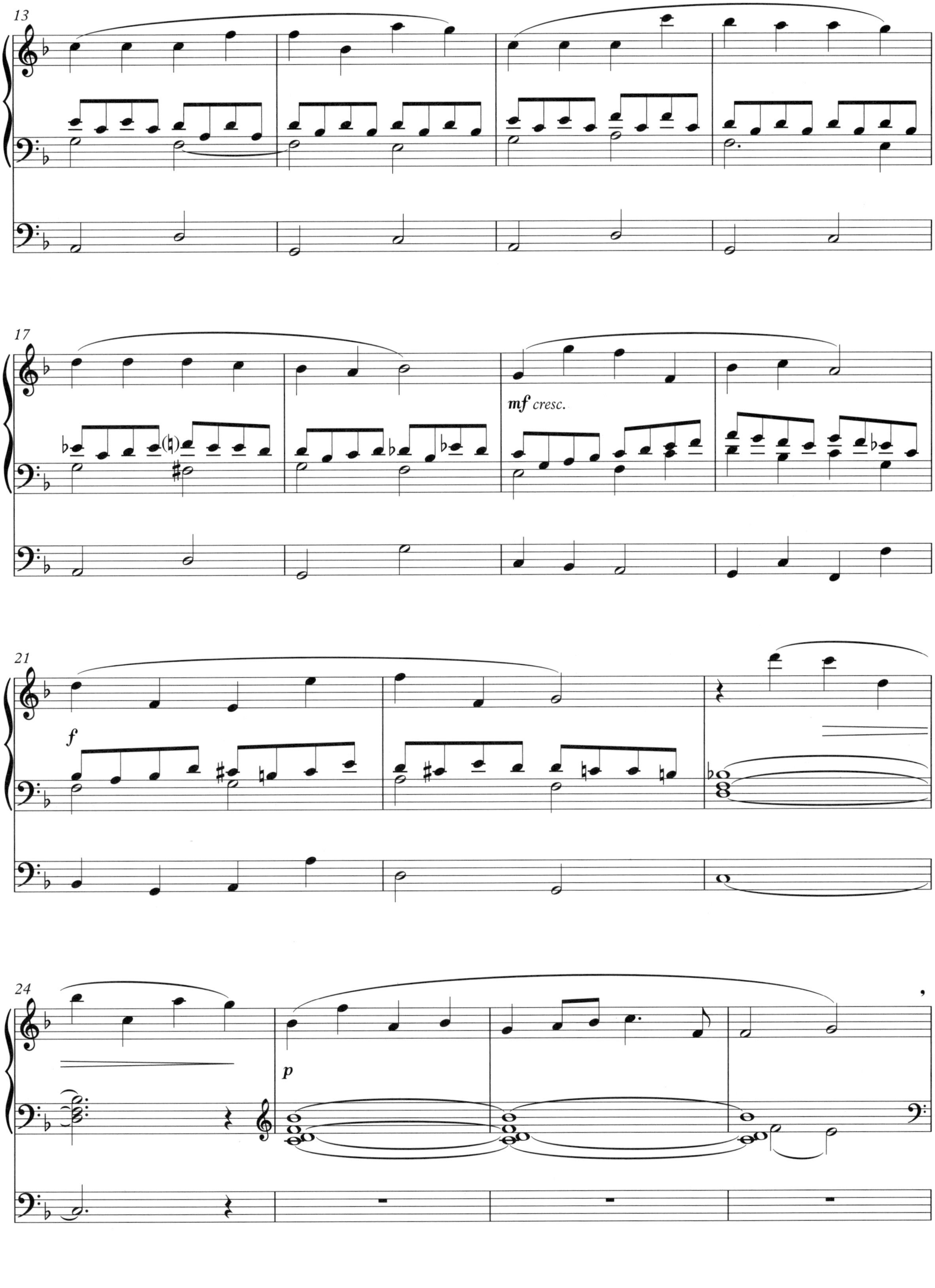
13
17
mf cresc.
21
f
24
p

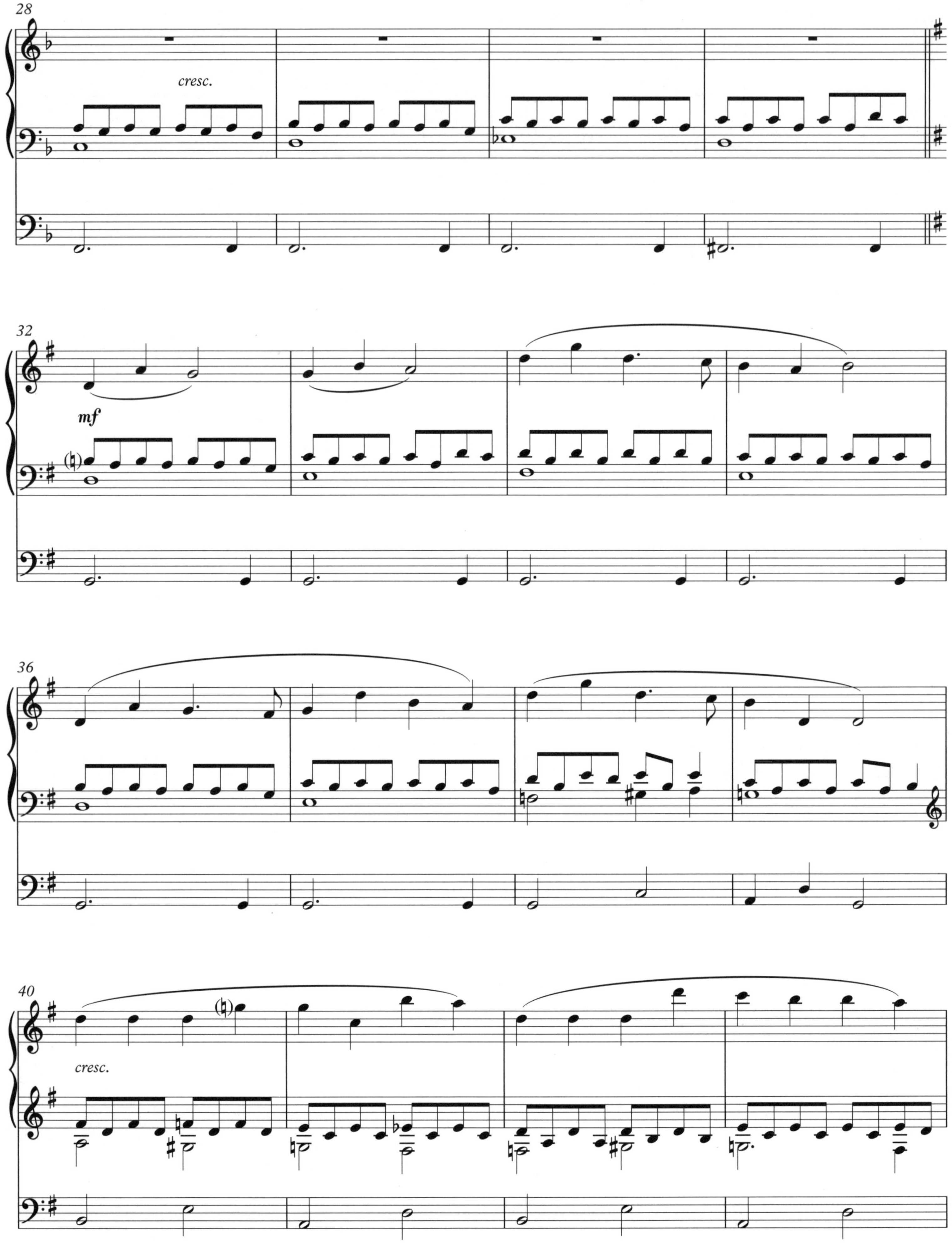
28
cresc.
32
mf
36
40
cresc.

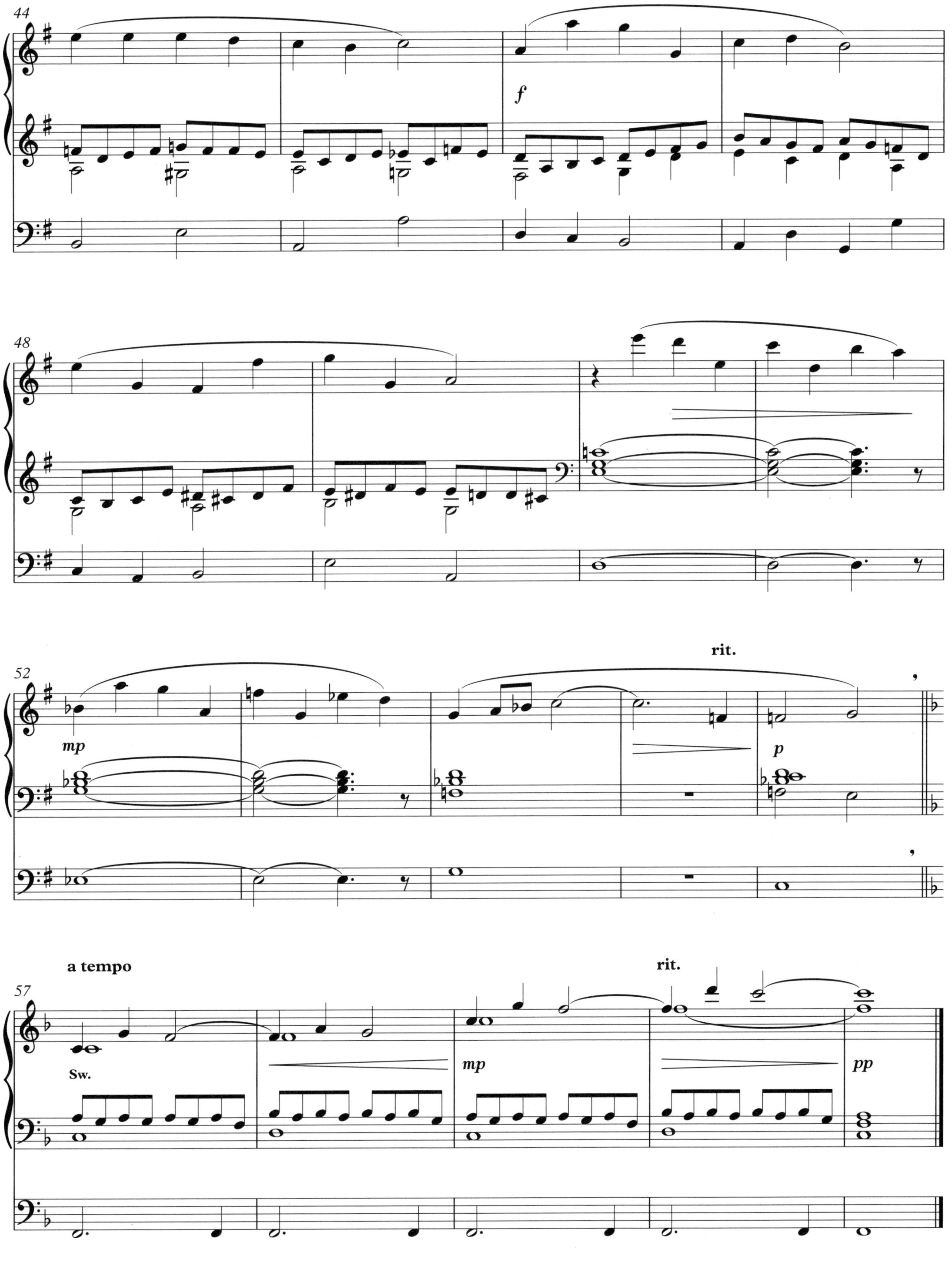
44
f
48
52
mp
rit.
p
57
a tempo
rit.
Sw.
mp
pp

Merton

Chorale Prelude

I: Flute 8', 4'
II: Reed 8' (Trompette or Krummhorn)
Ped.: Gedackt 16', Bourdon 8'

DAVID THORNE
(b. 1950)

Merton: William Henry Monk (1823–89)

Alternative registration: I Flute 8', (4'), 2²/₃' or 2'; II Prin. 8'

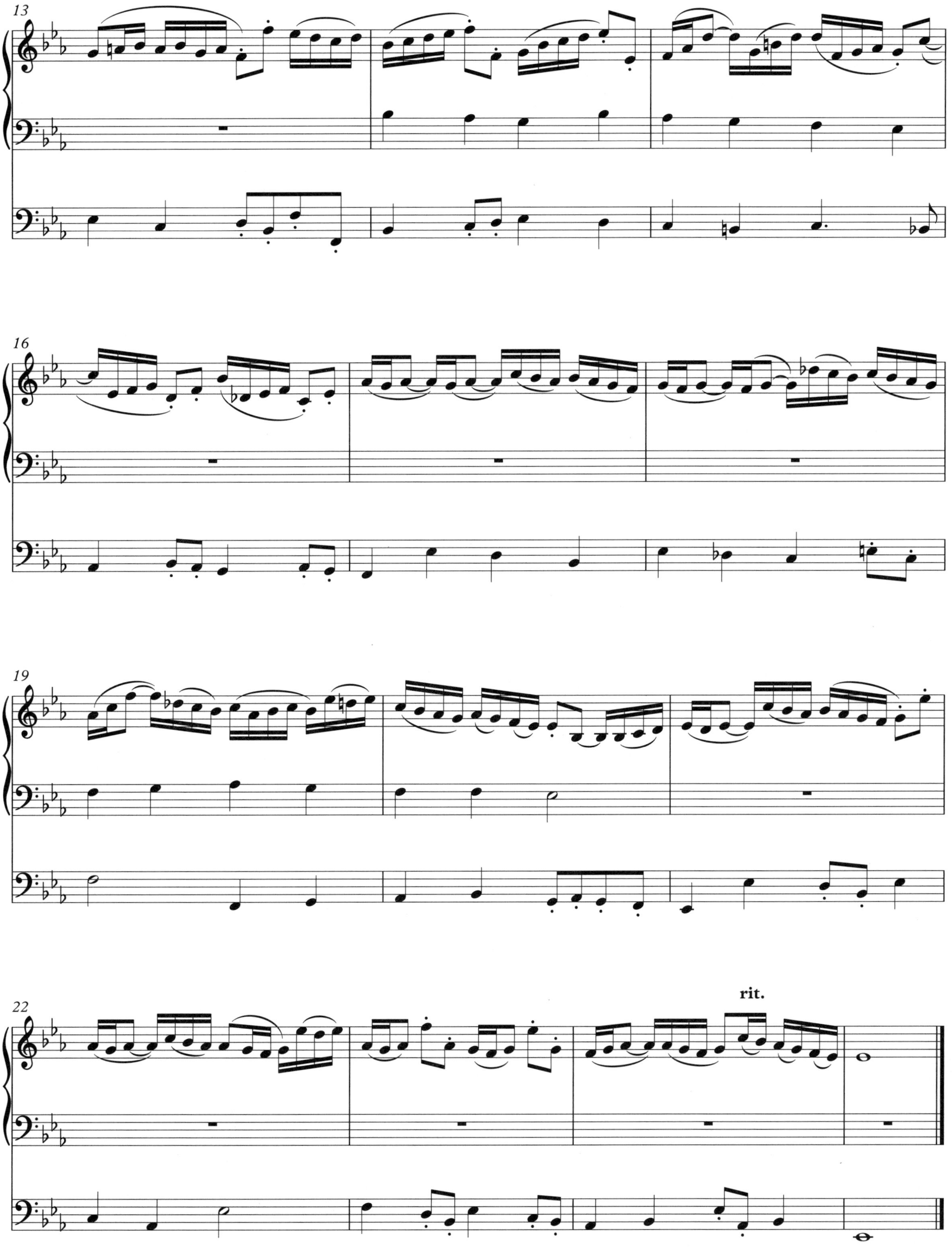
13
16
19
22
rit.

Mueller

Reflection

I Gt. or Ch.: Flute 8', 4', 2²⁄₃', Trem.
II Sw.: Celeste 8'
Ped.: 16', II to Ped.

DAVID SCHELAT
(b. 1955)

Mueller: James R. Murray (1841–1905)

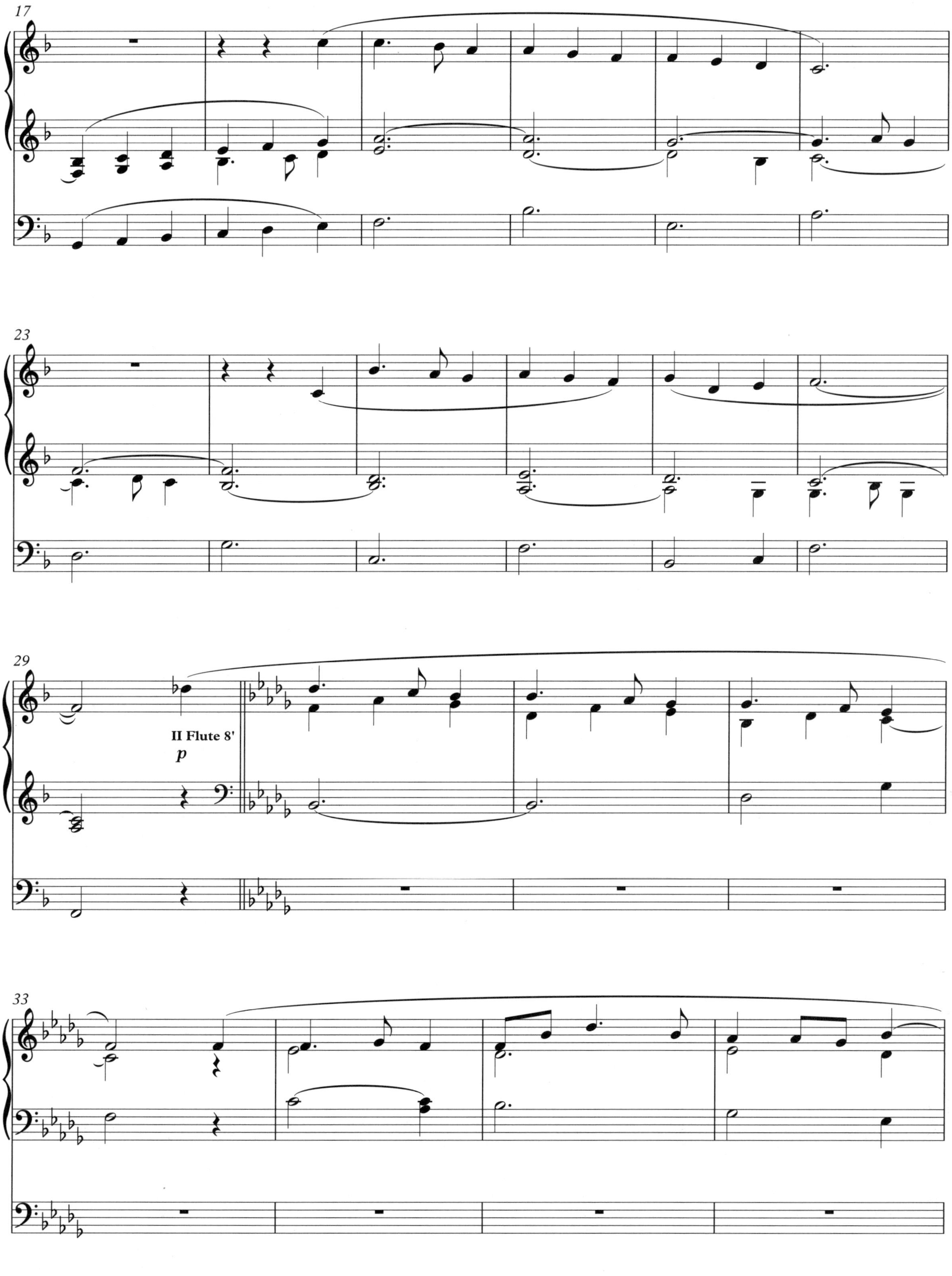
17
23
29
II Flute 8'
p
33

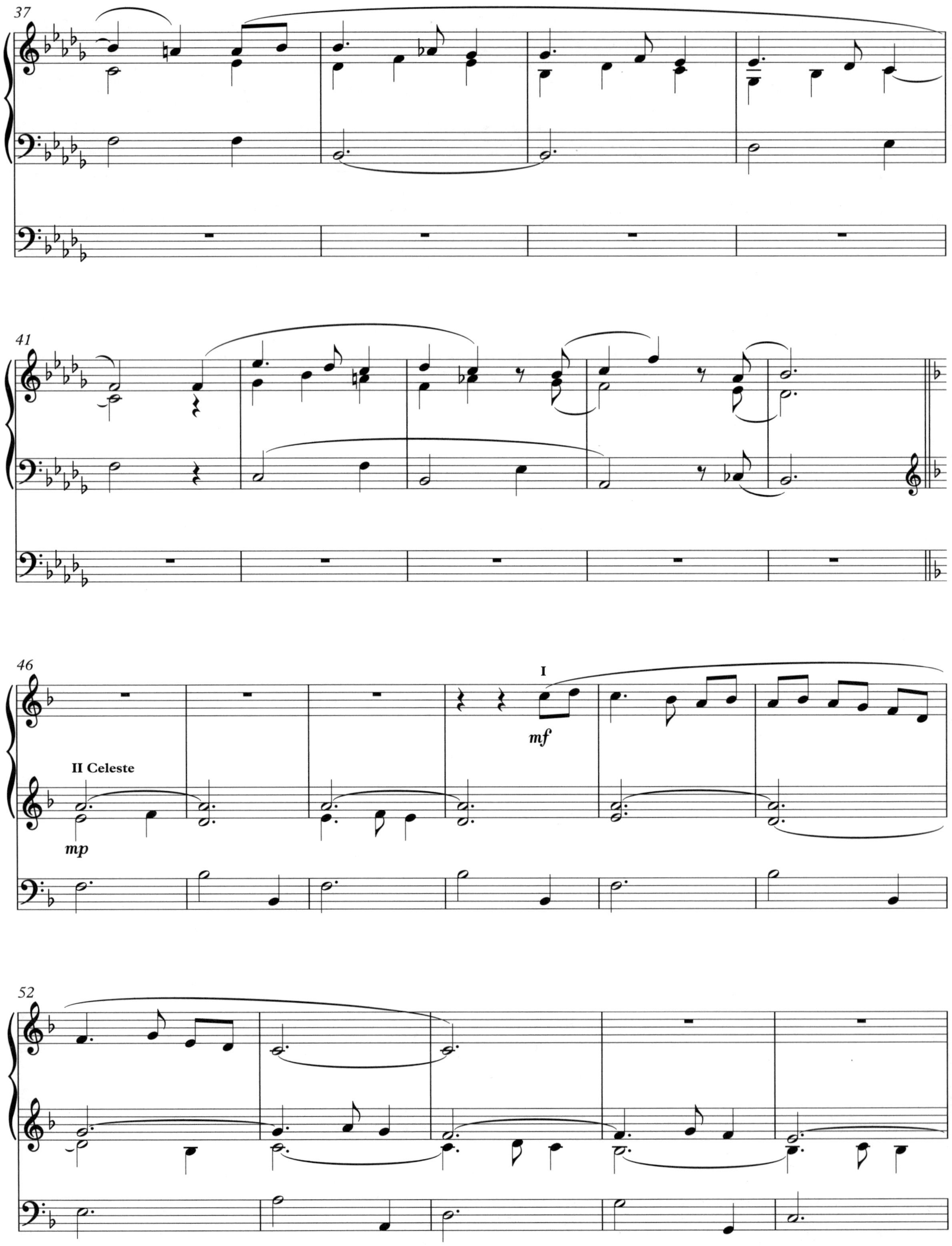
37
41
46
II Celeste
mp
I
mf
52

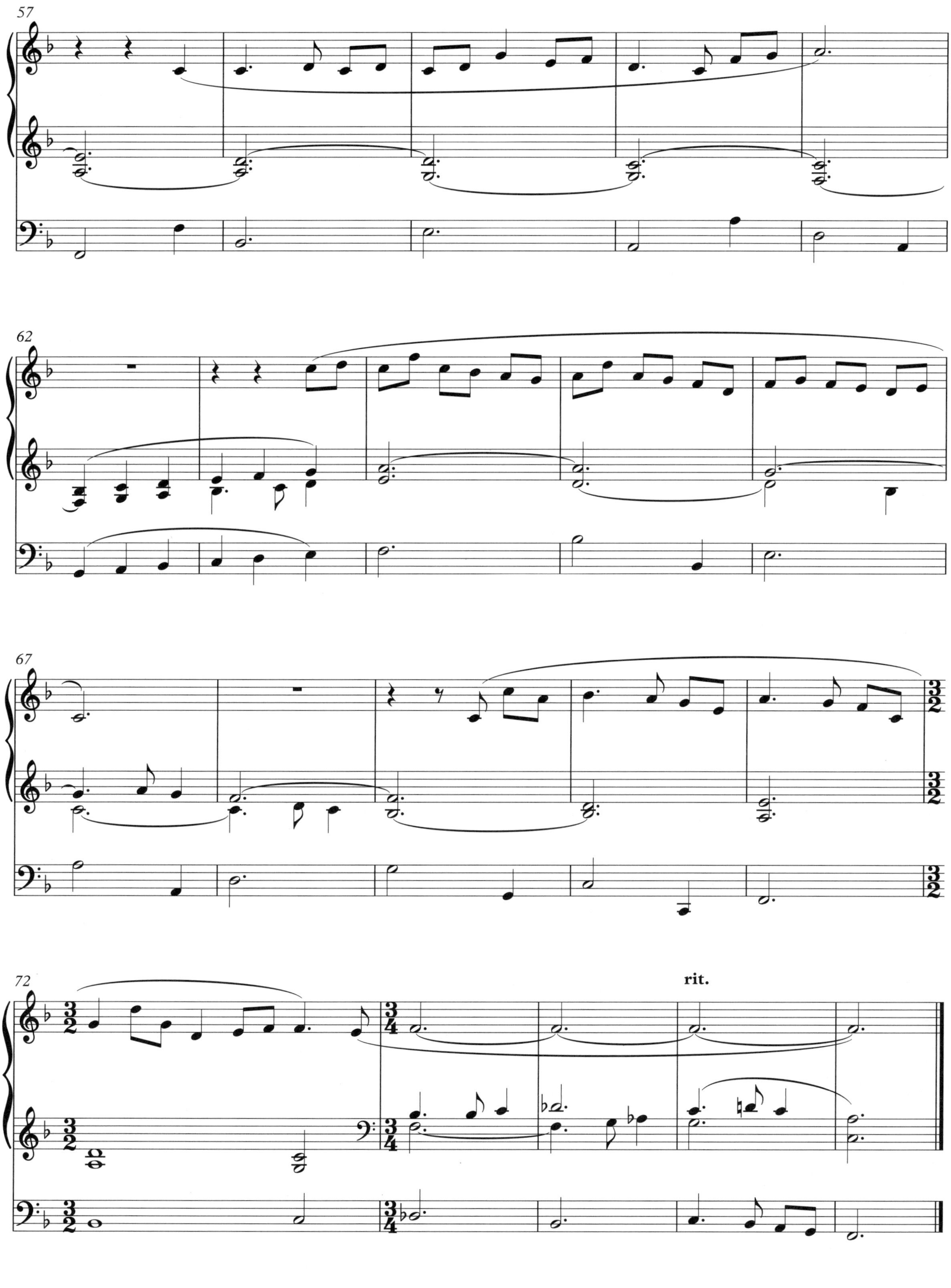
57
62
67
72
rit.

Noel

Chorale Prelude

I: Flute 8', 2'
II: Reed 8' (Trompette or Krummhorn)
Ped.: Flute 16', 8'

DAVID THORNE
(b. 1950)

Andante ♩ = 60

lightly detached

Noel: English traditional melody, adapted by Arthur Sullivan (1842–1900)

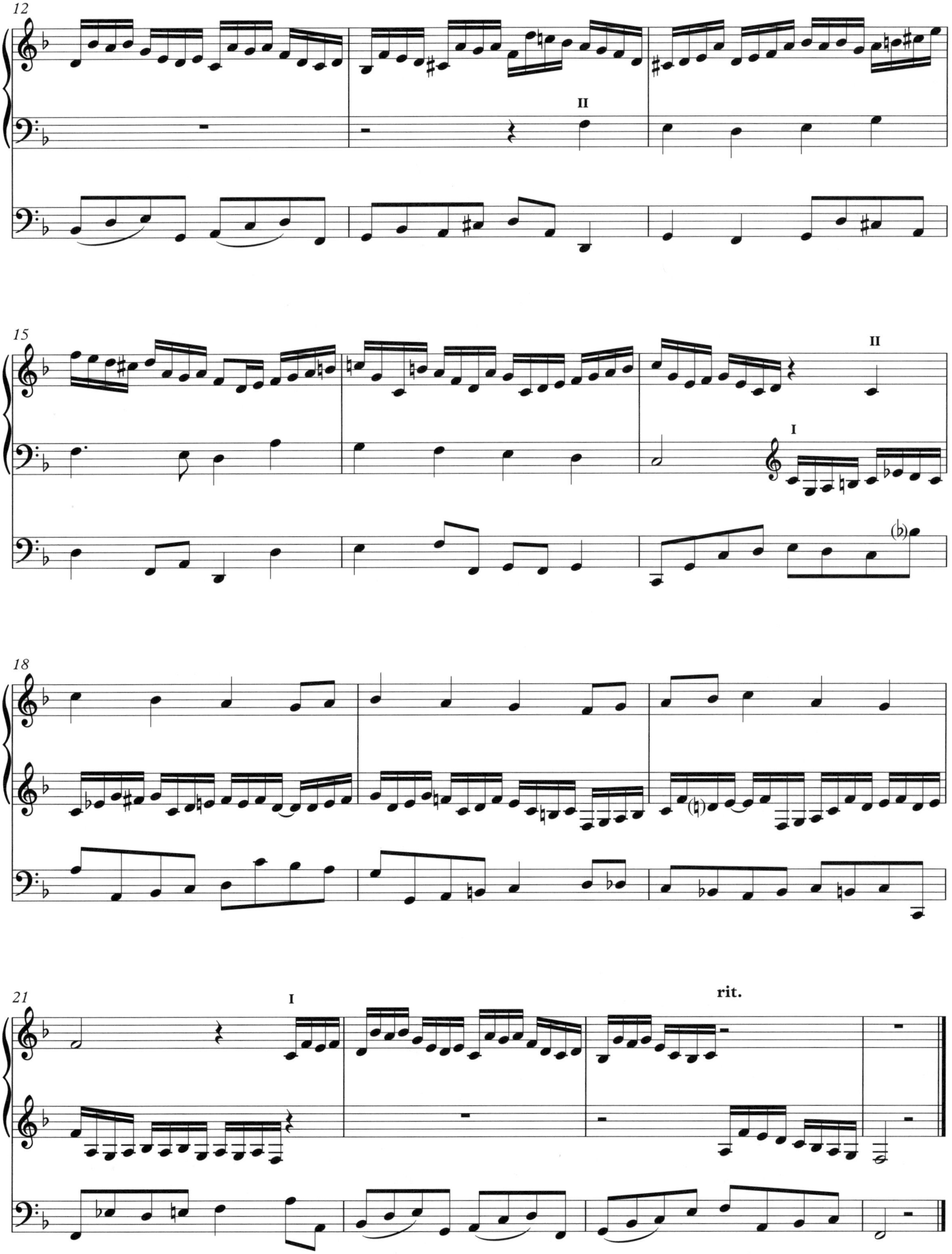
12
II
15
II
I
18
21
I
rit.

for Christoph Grohmann

O Jesulein süss

Lullaby

I: warm 8' solo, Trem.
II: Flute 8', 4'
Ped.: soft 16', 8'

REBECCA GROOM TE VELDE
(b. 1952)

O Jesulein süss: German carol melody from Samuel Scheidt's *Tabulaturbuch* (1650)

15
20
rit.
24
Un poco più mosso ♩. = 69
II Flute 4' only
II p leggiero, sempre legato
3
28

32
36
40
44
molto rit.
Tempo I ♩ = 64
I Flute, Strings, Celeste 8', manuals coupled
I mp molto legato e espressivo
3
3

In memory of Flor Peeters

Personent hodie

Recession

I, II: Plenum with Mixt., Reed 8', (II to I)
Ped.: Found. 16', 8', 4', Reed 8', II to Ped.

REBECCA GROOM TE VELDE
(b. 1956)

Personent hodie: melody from *Piae Cantiones* (1582)

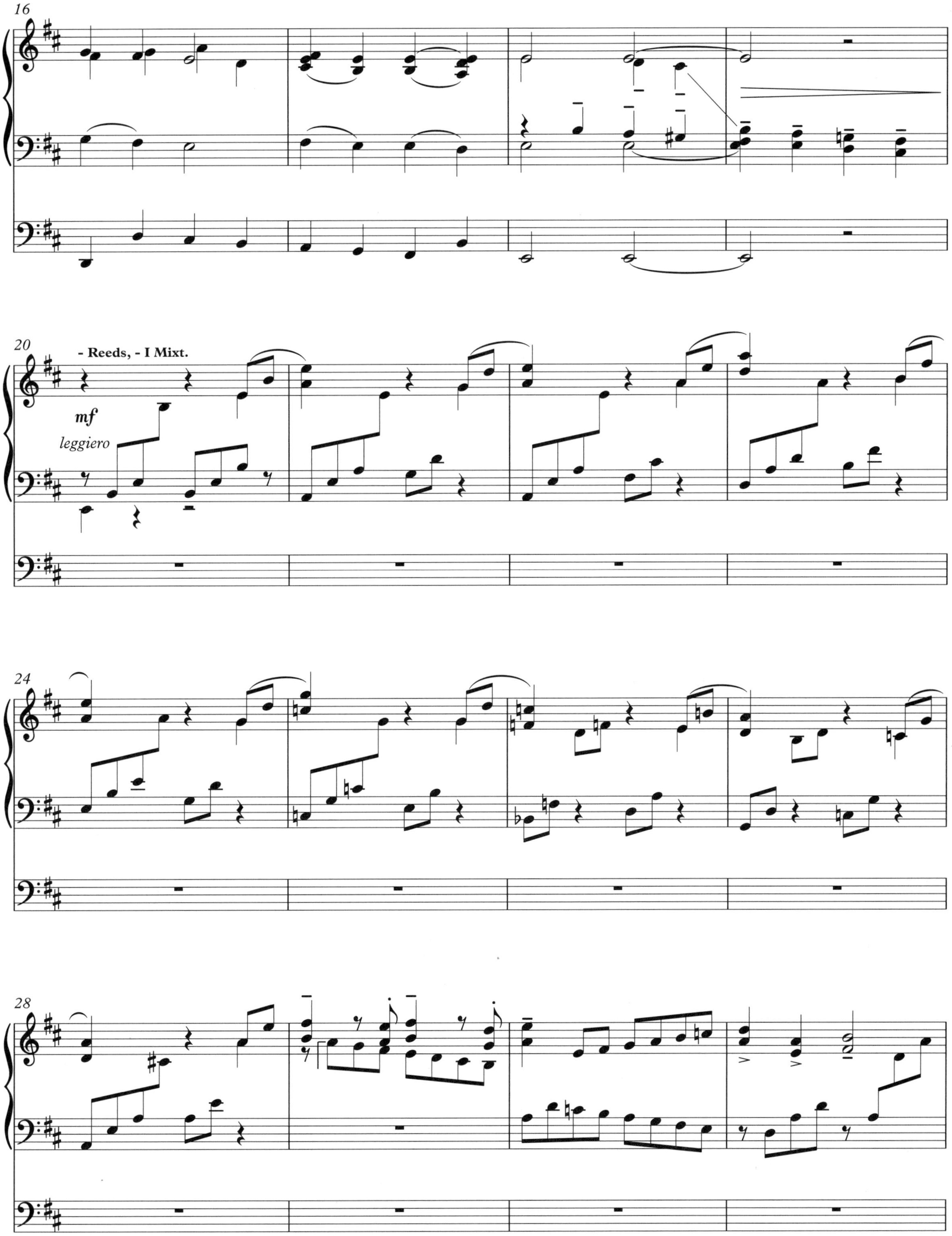
16
20
- Reeds, - I Mixt.
mf
leggiero
24
28

32
36
poco a poco meno mosso
40
rit.
Maestoso ♩ = 118
Add
+ 16', Reeds
f
ff
+ I to Ped.
+ Ped. Reeds 16', 8'
44
sim.
sim.
sim.

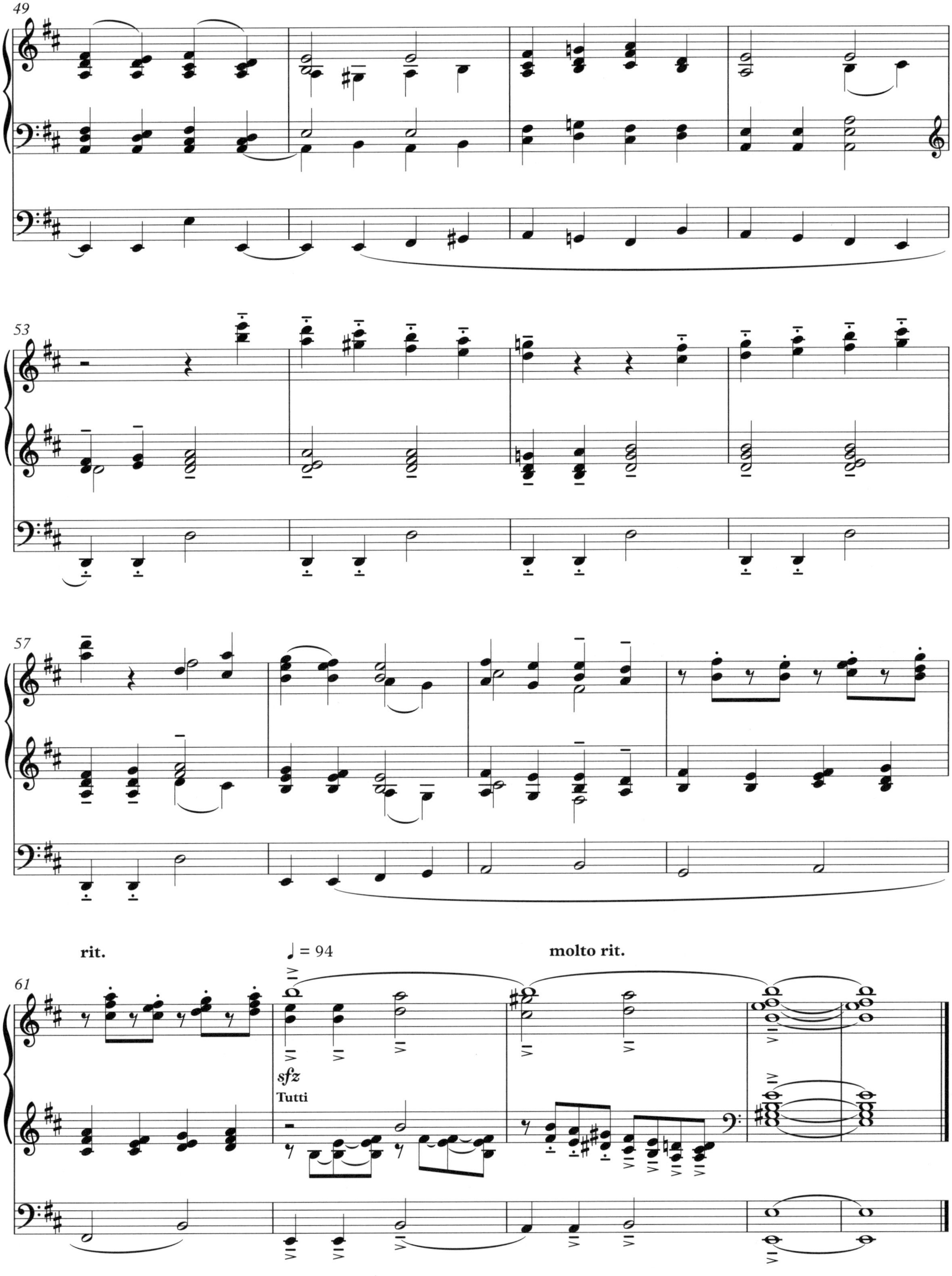
49
53
57
rit.
♩ = 94
molto rit.
61
sfz
Tutti

Picardy

Prelude

Sw.: Strings, Celeste 8'
Ped.: soft solo Reed (or Prin.) 4'

CRAIG PHILLIPS
(b. 1961)

Picardy: French traditional carol melody

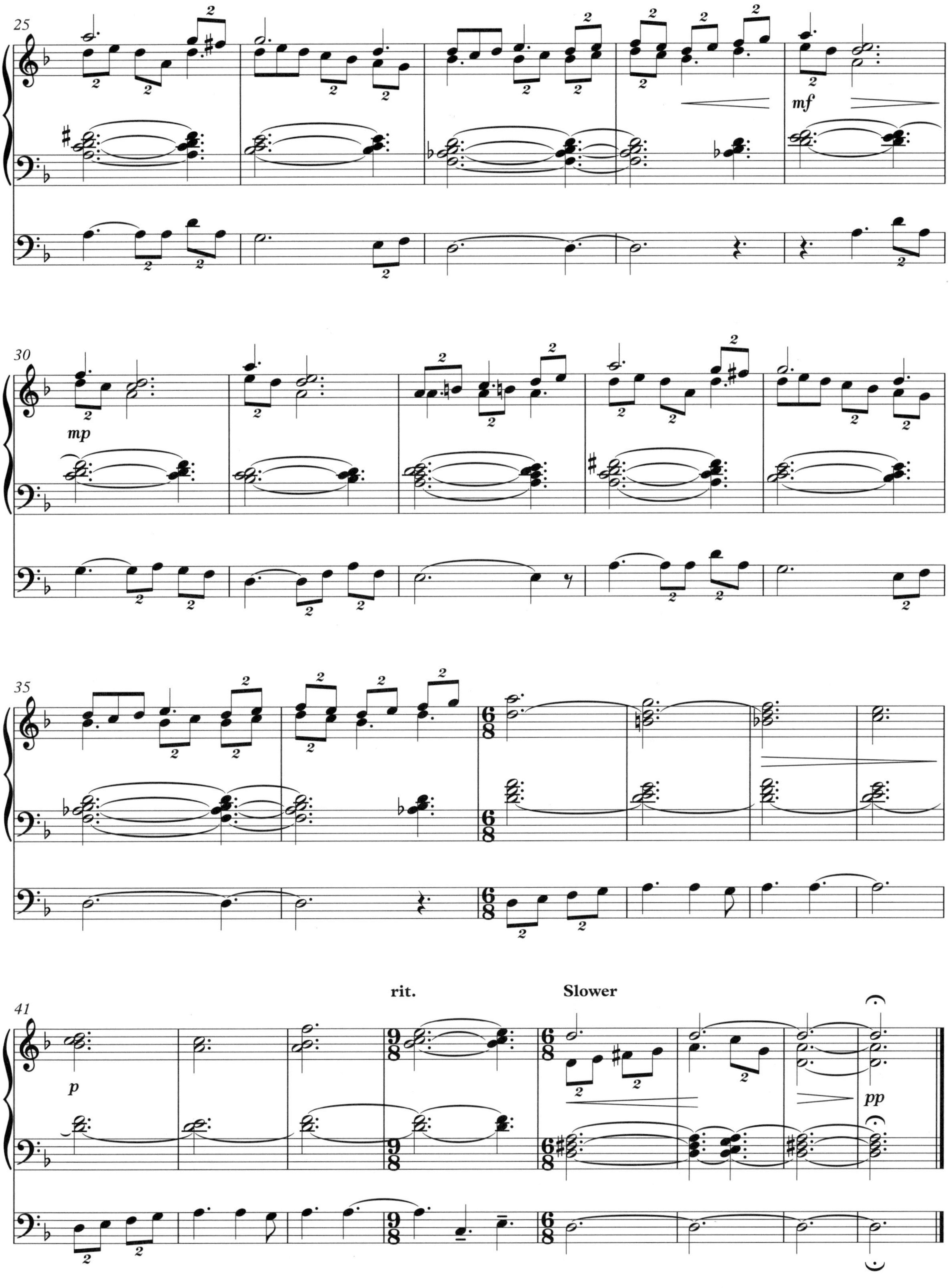
25
mf
30
mp
35
41
p
rit.
Slower
pp

Psalm 42 / Genevan

Declamation

Sw.: Full
Gt.: Full, Sw. to Gt.
Ch.: Full with Mixt., Sw. to Ch.
Ped.: Full, without Reeds

CRAIG PHILLIPS
(b. 1961)

Psalm 42/Genevan: melody by Louis Bourgeois (*c.*1510–59) in the French edition of the *Genevan Psalter* (1551)

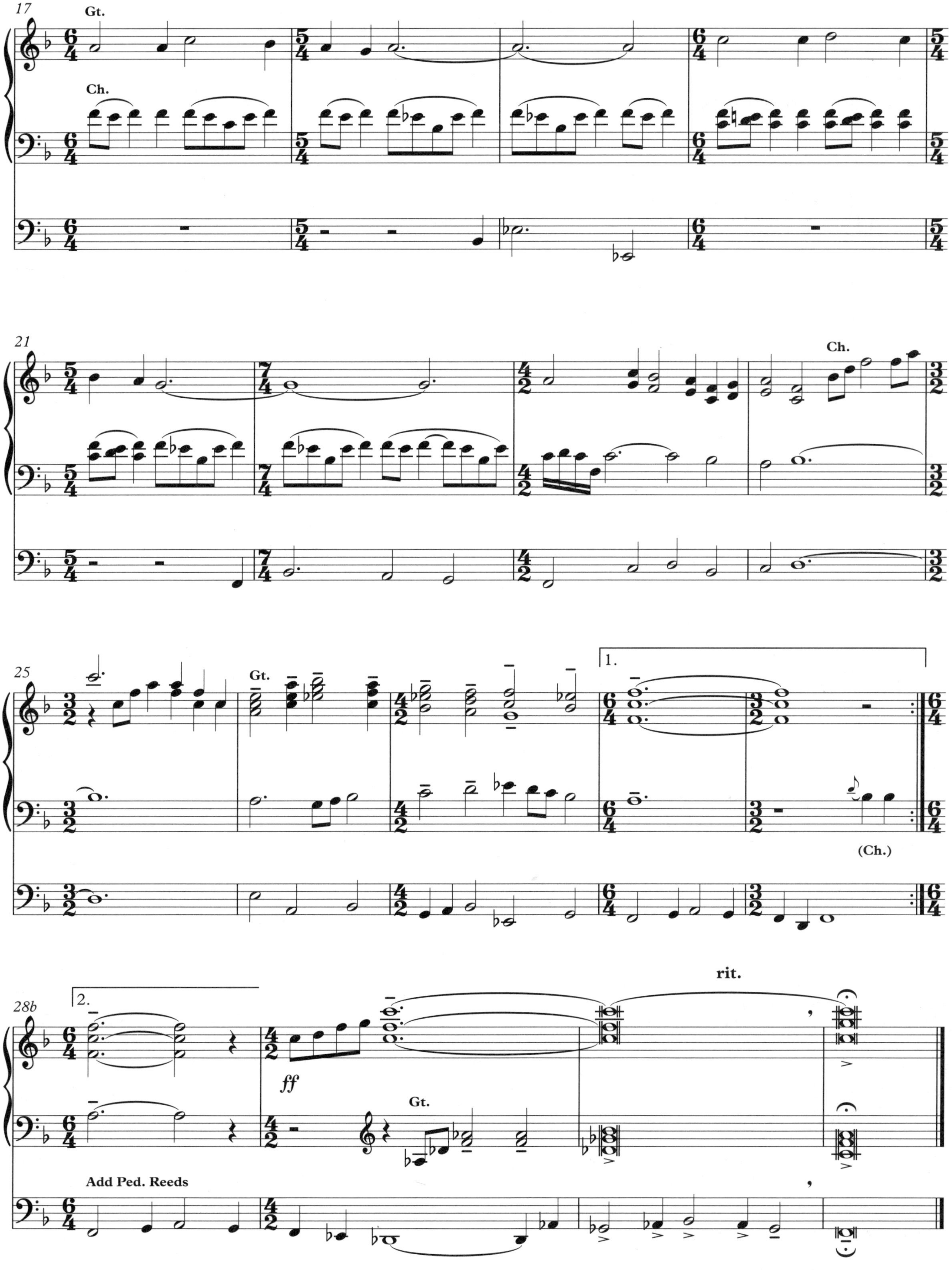
17
Gt.
Ch.
21
Ch.
25
Gt.
1.
(Ch.)
28b
2.
rit.
ff
Gt.
Add Ped. Reeds

St Louis

Contemplation

Sw.: Flute 8', String Celeste
Gt.: Flute 8', Flute Harmonique
Ch.: Flute 8', 2²/₃'
Ped.: Bourdon 16', 8', Sw. to Ped.

A. D. MILLER
(b. 1972)

St Louis: Lewis H. Redner (1831–1908)

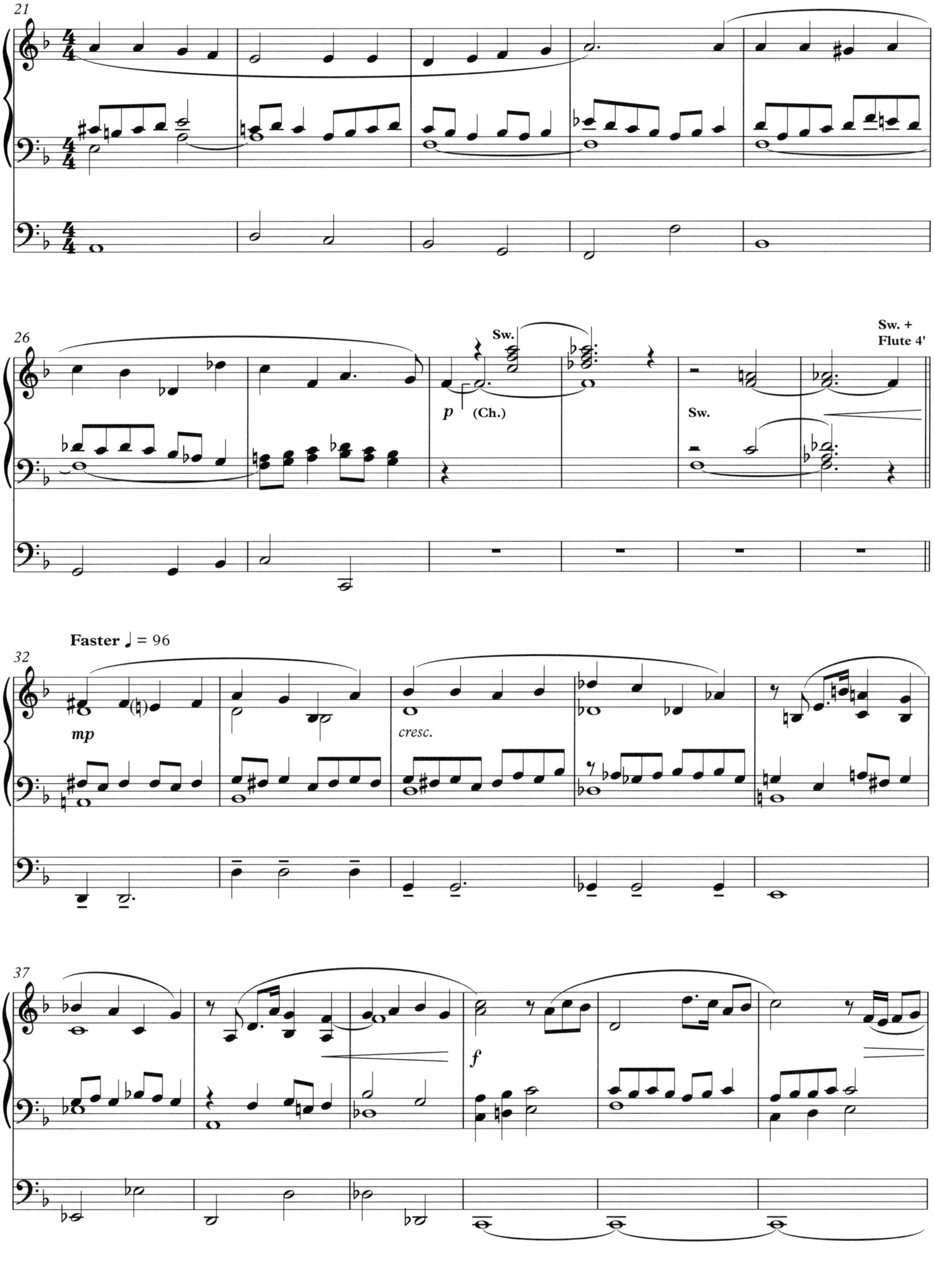
21
26
Sw.
p
(Ch.)
Sw.
Sw. +
Flute 4'
Faster ♩ = 96
32
mp
cresc.
37
f

poco rit.
Tempo I
43
+ Sw. to Gt.
Gt.
mf
Gt.
49
Ch. mp
Sw. - Flute 4'
p
55
rit.
freely
60
Sw.
(Ch.)
p legato
Sw.
pp

Stille Nacht

Interlude

Sw.: Flute 8', Strings (Celeste)
Solo: 8'
Ped.: soft 8', Sw. to Ped.

ALAN BULLARD
(b. 1947)

Stille Nacht: Franz X. Gruber (1787–1863)

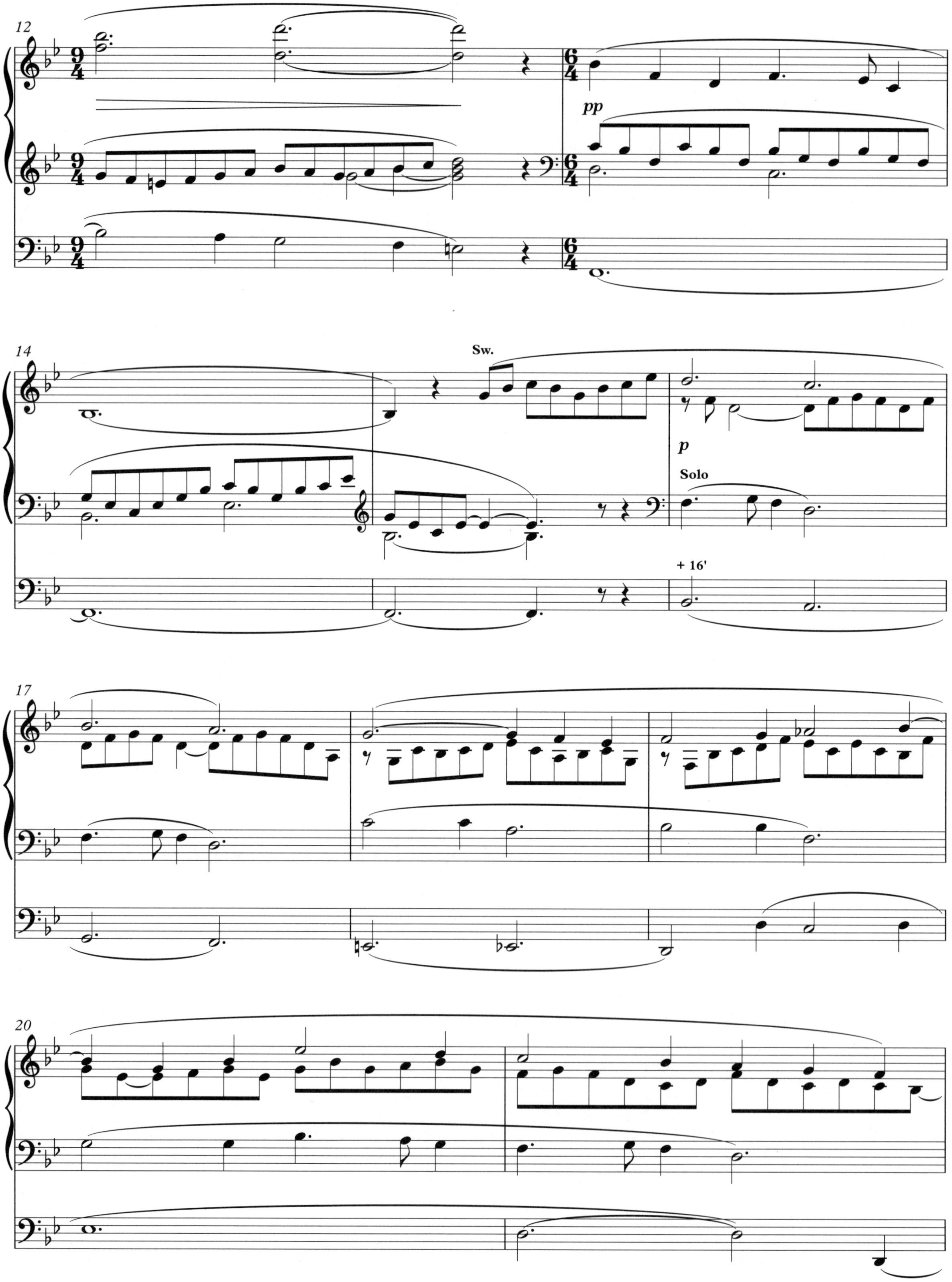
12
pp
14
Sw.
p
Solo
+ 16'
17
20

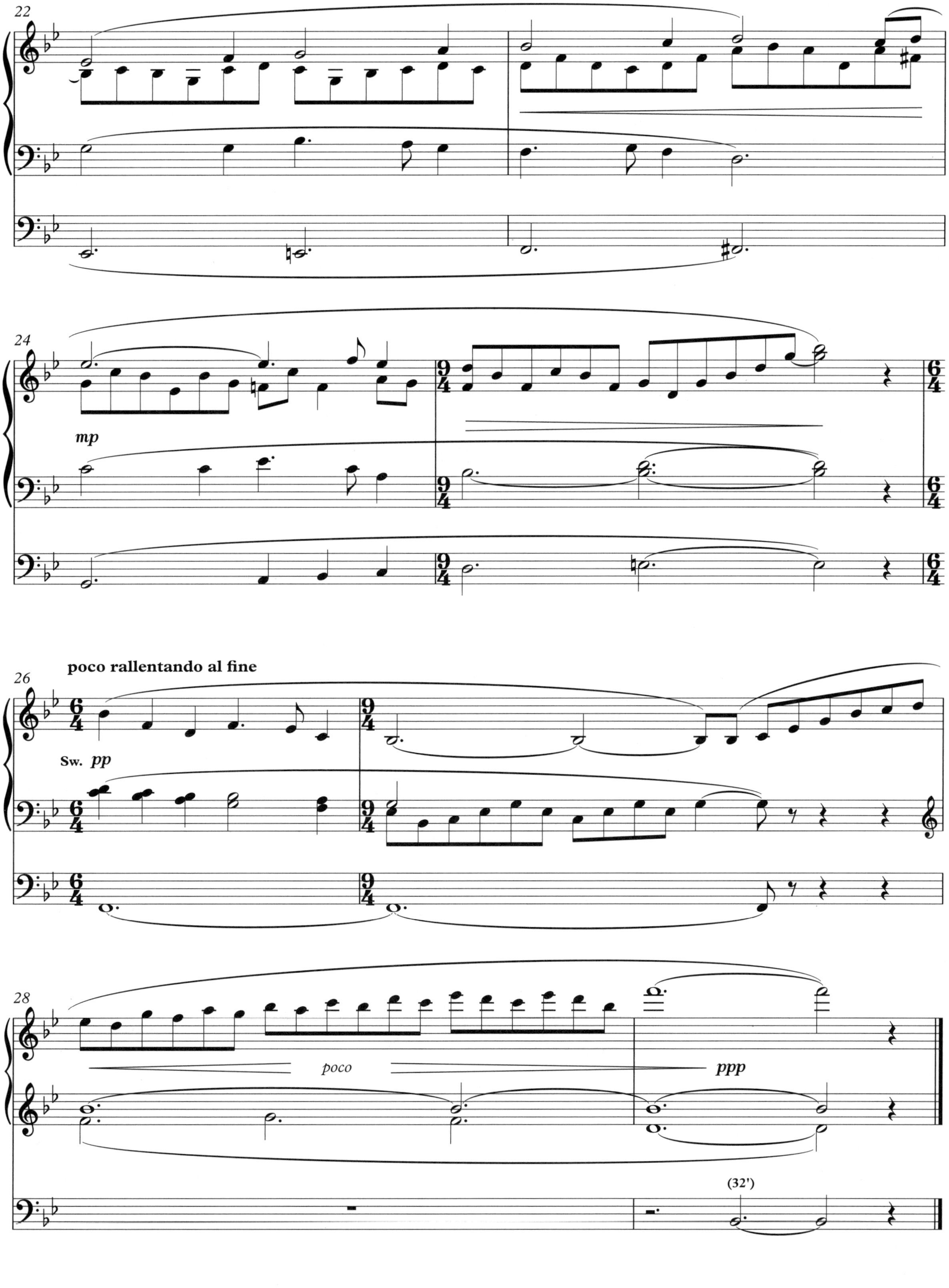
22
24
mp
26
poco rallentando al fine
Sw. pp
28
poco
ppp
(32')

St Stephen

Prelude

I Ch.: Flute 8', 2²⁄₃', 2'
II: Flute 8', 4'
Ped.: soft 16', 8'

DAVID BLACKWELL
(b. 1961)

Calm and unhurried ♪ = 84

mp

lightly detached

(with RH *ad lib.*)

mp legato

St Stephen: melody by William Jones (1726–1800) in *Ten Church Pieces for the Organ* (Nayland, 1789)

© Oxford University Press 2014. Photocopying this copyright material is ILLEGAL.

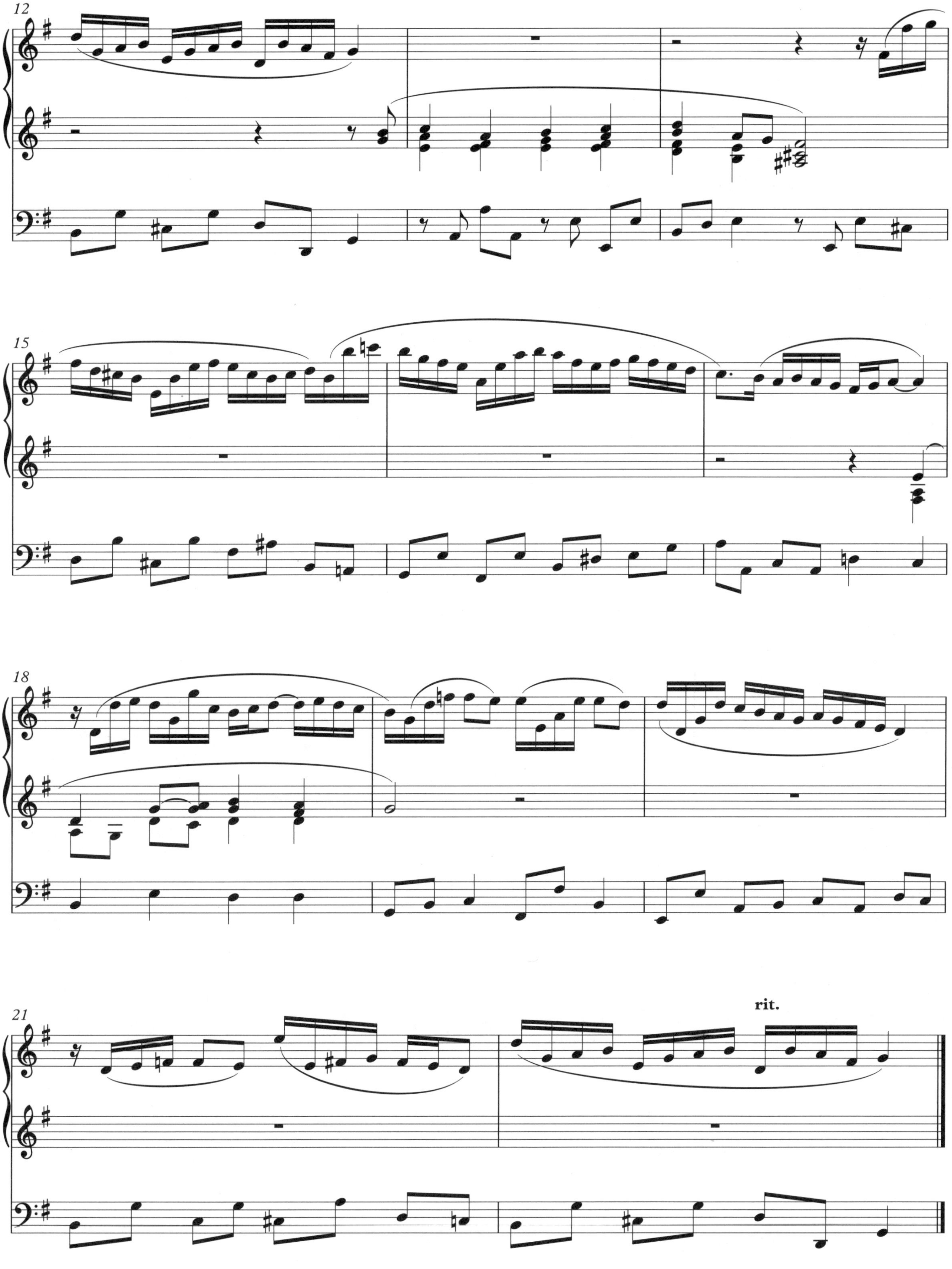
12
15
18
21
rit.

for Ralph Kerr

Still, still, still

Prelude

Sw.: Flute 8', Strings 8'
Gt.: Flute 8', Sw. to Gt.
Ped.: soft 16', 8', Sw. to Ped.

CHRISTOPHER TAMBLING
(b. 1964)

Still, still, still: Austrian carol melody

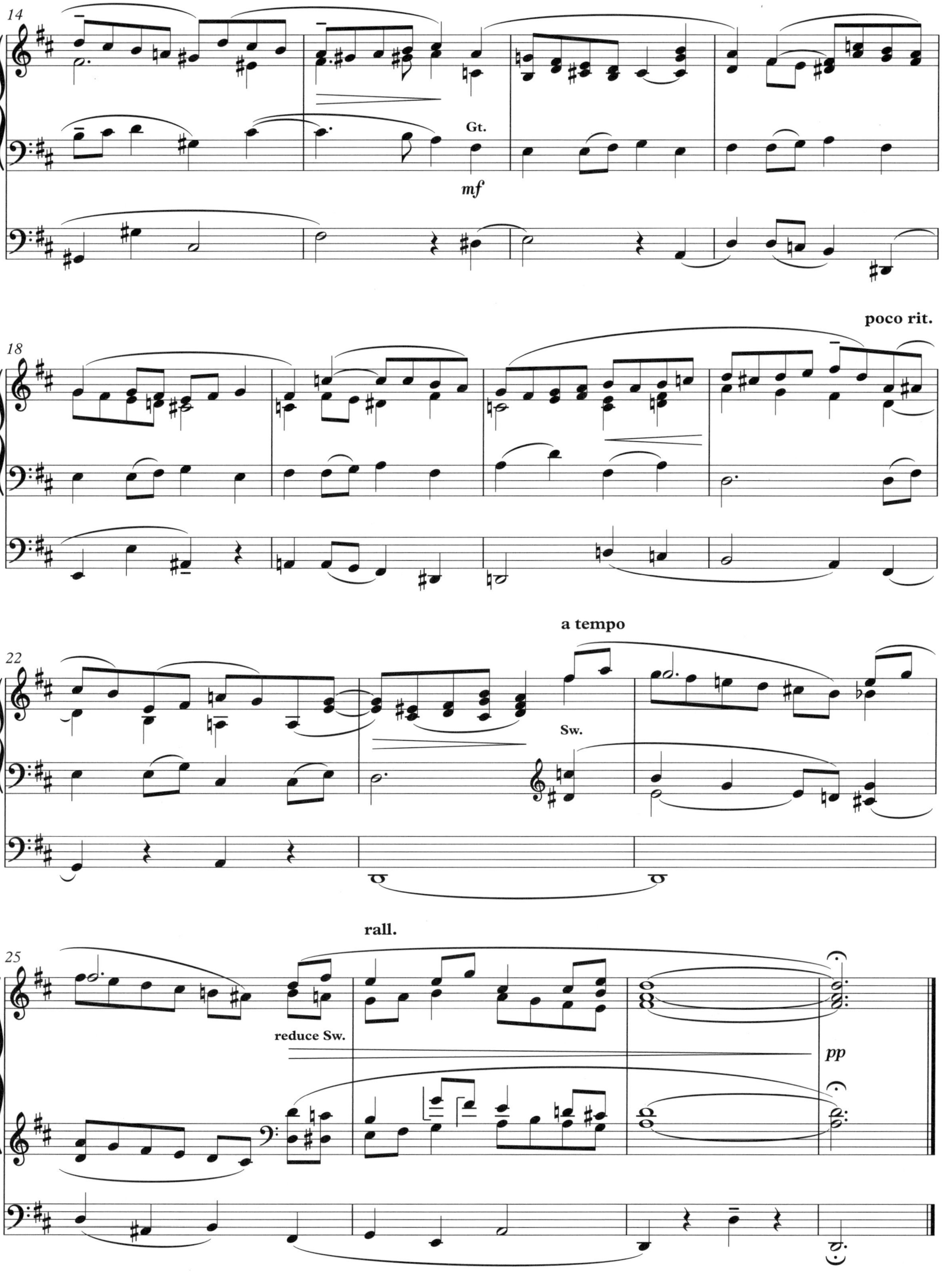
14
Gt.
mf
18
poco rit.
22
a tempo
Sw.
25
rall.
reduce Sw.
pp

to Emily

The first Nowell

Intrada

ASHLEY GROTE
(b. 1982)

Sw.: Full
Gt.: 8' to Mixt., Sw. to Gt.
Ped.: Found. 16', 8', Sw. and Gt. to Ped.

The first Nowell: English traditional carol melody from William Sandys' *Christmas Carols Ancient and Modern* (1833)

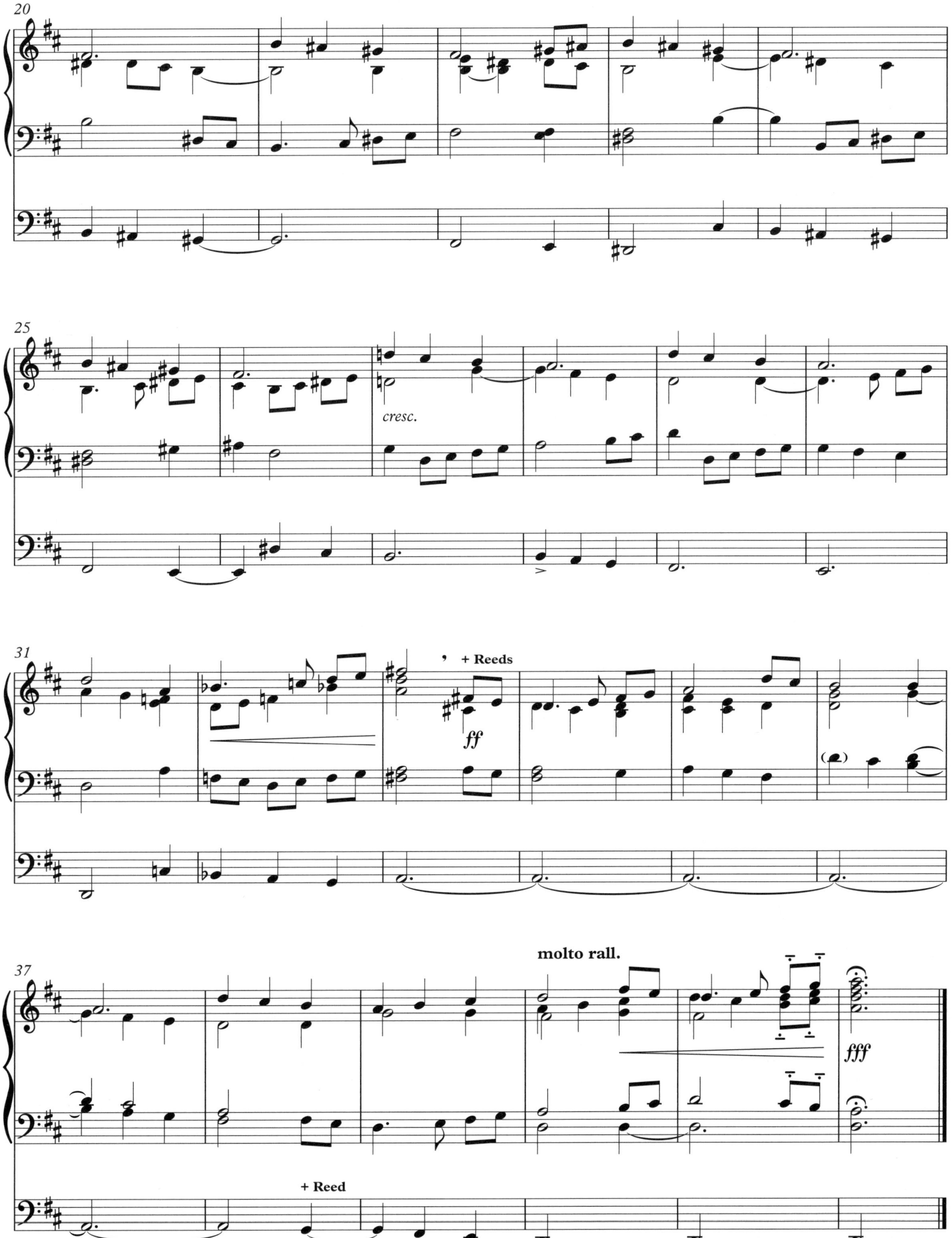
20
25
cresc.
31
+ Reeds
ff
37
molto rall.
fff
+ Reed

*Commissioned by Paul and Val Withams and their family to celebrate
the Golden Wedding of David and Lee Crowhurst, 12 December 2014*

Veni Emmanuel

Meditation

Sw.: Strings
Ch. or Gt.: solo stop, or quiet mutations
Ped.: solo 4' only, uncoupled

PHILIP MOORE
(b. 1943)

This piece should be played with the utmost freedom, giving the impression of an improvisation.

Veni Emmanuel: melody from a 15th-century French Franciscan processional, adapted by Thomas Helmore (1811–90)

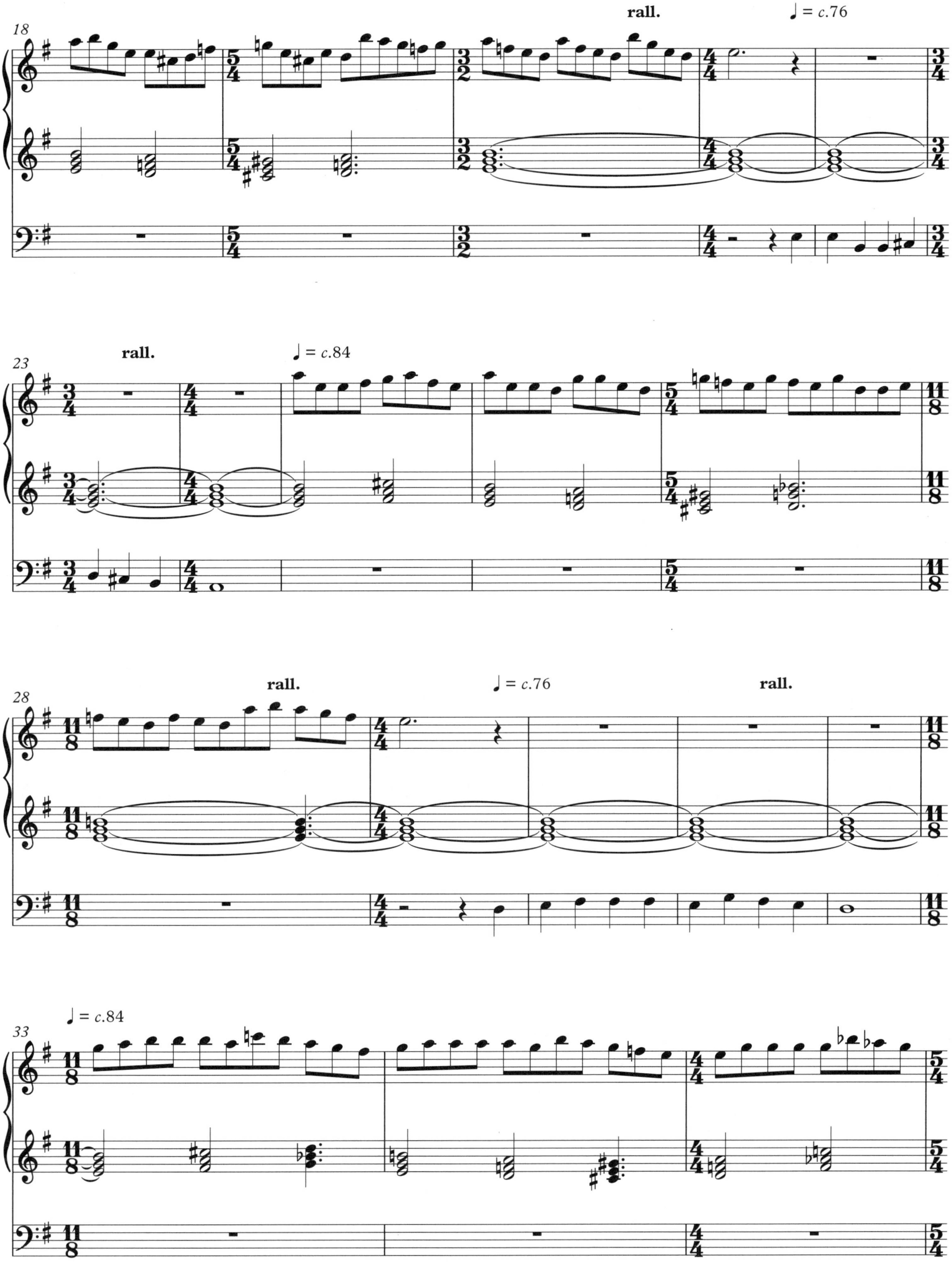
18
rall.
♩ = c.76
23
rall.
♩ = c.84
28
rall.
♩ = c.76
rall.
33
♩ = c.84

* Bars/measures 43 to end may be played on two different manuals. On organs without top notes, the right hand should be played on a 4' stop.

† If there is a soft 32', omit the B.

Wachet auf

Proclamation

Sw.: Principal Chorus with Mixt.
Gt.: Principal Chorus with Mixt., Sw. to Gt.
Ped.: Prin. 16', 8', 4', Sw. to Ped.

A. D. MILLER
(b. 1972)

Wachet auf: melody (1598) by Philipp Nicolai (1556–1608), adapted by J. S. Bach (1685–1750)

26
Sw. detached
mf
(Gt.)
quasi legato
31
Sw.
detached
mf
36
Gt.
40
Gt.
quasi legato
(Gt.)

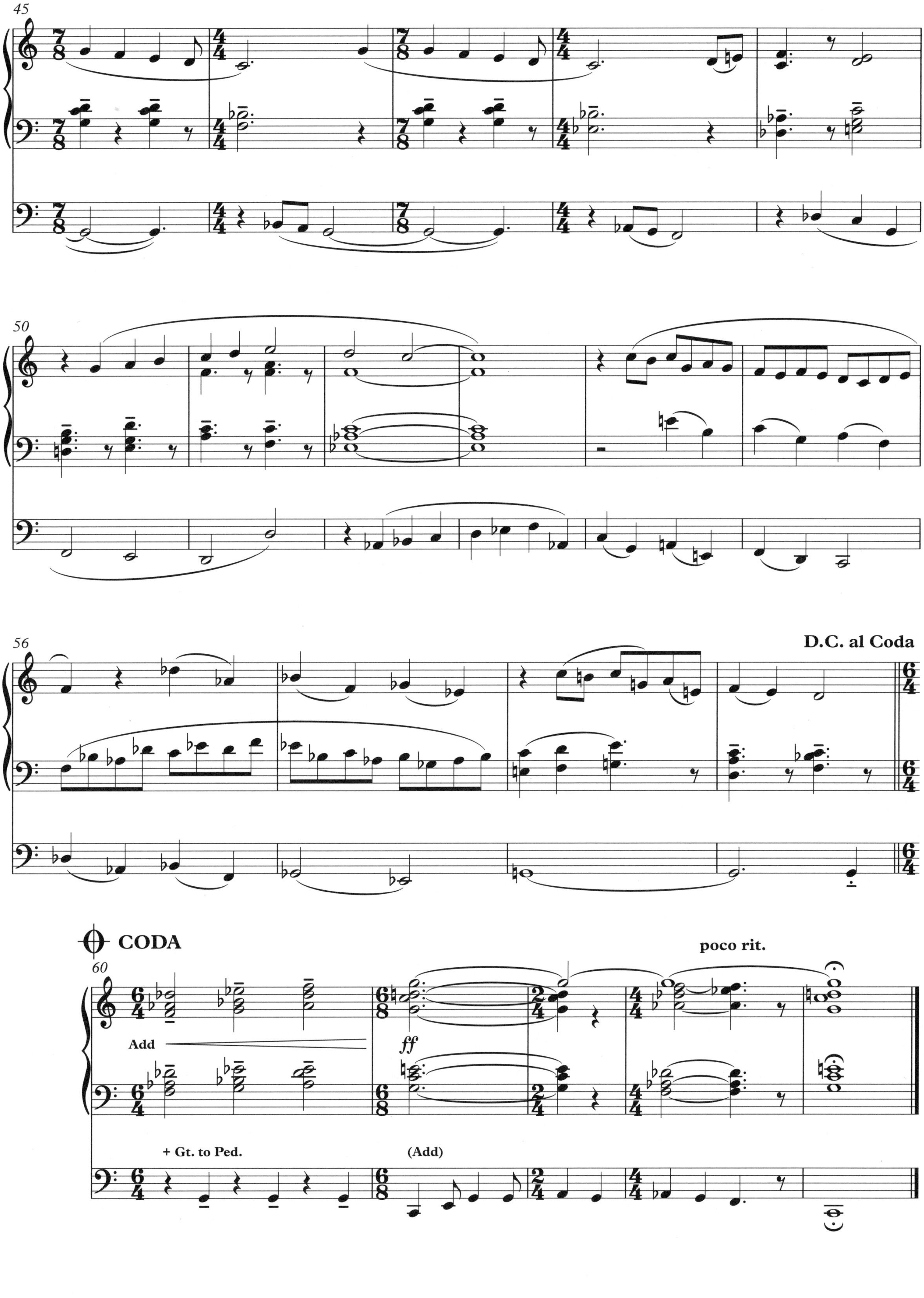
45
50
56
D.C. al Coda
CODA
60
poco rit.
Add
ff
+ Gt. to Ped.
(Add)

for Martin Cooke

Winchester New

Postlude

Sw.: 8' to Mixt.
Gt.: Prin. 8', 4', 2', Sw. to Gt.
Ped.: Found. 16', 8', Sw. and Gt. to Ped.

CHRISTOPHER TAMBLING
(b. 1964)

Winchester New: melody adapted by W. H. Havergal (1793–1870) from *Musikalisches Hand-Buch* (Hamburg, 1690)

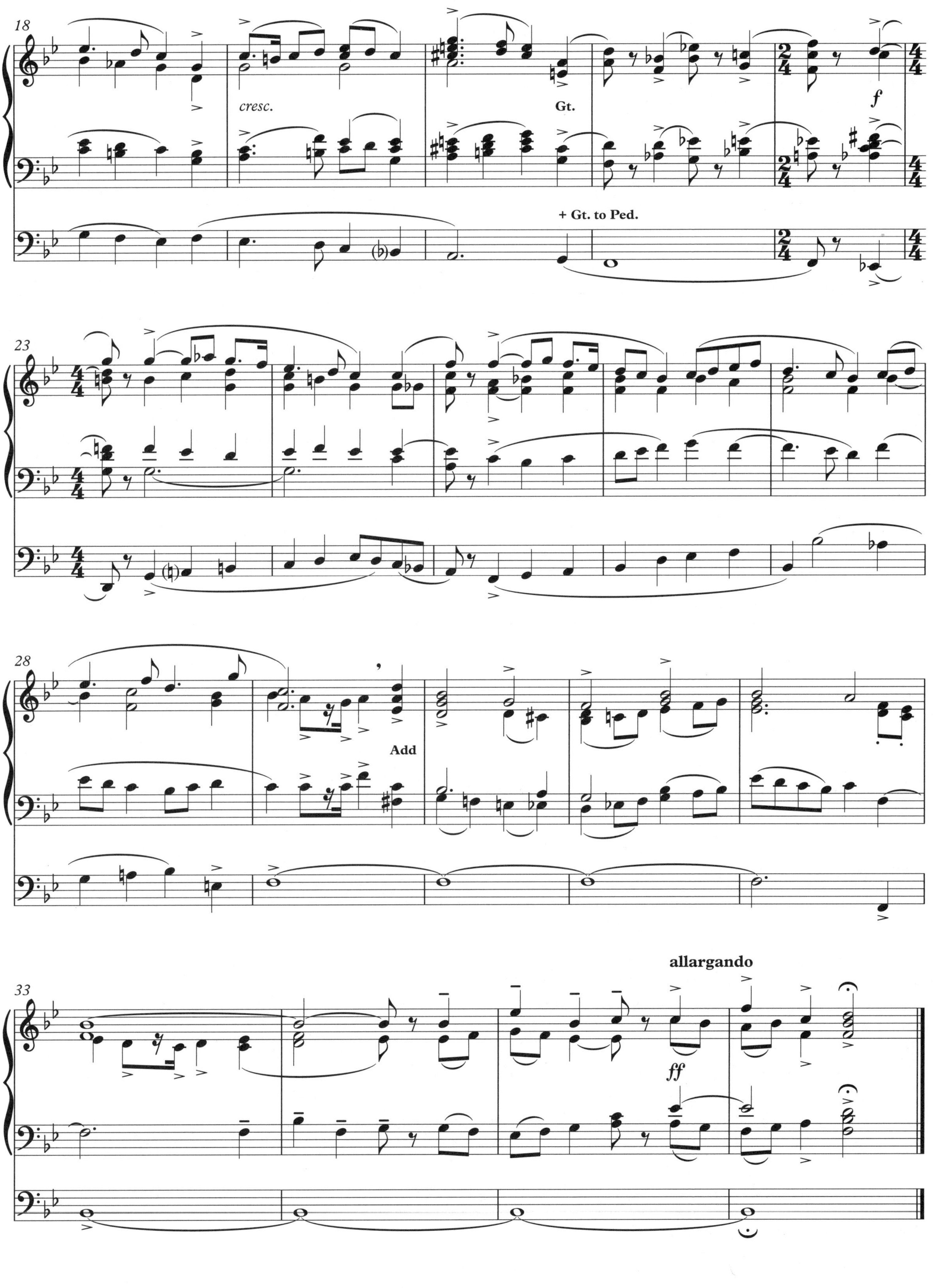
18
cresc.
Gt.
f
+ Gt. to Ped.
23
28
Add
33
allargando
ff

Winchester Old

Canon and Finale

Sw., Gt.: Found. (16'), 8', 4', 2', Mixt., Sw. to Gt.
Ped.: Found. 16', 8', Sw. and Gt. to Ped.

DAVID BLACKWELL
(b. 1961)

* Alternatively, the left hand may be played on a separate, contrasted manual until bar/measure 22.

Winchester Old: melody from Este's *Psalmes* (1592)

+ Reeds 16', 8'

35
39
allargando
a tempo
(Add)
44
48
allarg.
Full
upper 8ve *ad lib.*
fff